NHK
ライブラリー

西欧精神の探究
革新の十二世紀（上）
堀米庸三／木村尚三郎 編
NHK出版

西欧精神の探究

革新の十二世紀

上

堀米庸三｜木村尚三郎
編

NHK出版

装丁：菊地信義

序　十二世紀と現代

本書で説かれていることは一般のヨーロッパ中世史のそれとかなり違っている。そこで本書のねらいをよりよく理解していただくため、一つの寓話を冒頭に掲げて読者のご参考に供したい。

時代は第一次大戦が終わって間もないころである。この大戦にはすでに航空機（飛行機、飛行船）が登場していたように、空の時代がもう始まっていた。もちろん汽車もあれば電車もある。現在とは比較にならないとしても自動車もかなり広く使用されている。原子エネルギーやジェット・エンジンを除くならば、現代につながるもろもろのエネルギーも一応出そろっている。

この第一次大戦の終了前後を起点として、実際にヨーロッパ人がそうしたように、ヨーロッパの過去を振り返ってみよう。そこには「近代」と名づけられる広大な沃野が広がっている。この沃野はまた「近代」と名づけられる大河に灌漑された沖積平野である。この沖積平野のはるか彼方には巨大な双子山が見える。一方は「ルネサンス山」といって優にやさしく、ゆるやかに広い裾野を繰り広げている。他方はアルプスの峻嶮にも似た岩峰群で、一括して「宗教改革山」という。「近代」の沃野をうるおす大河はこの双子山の間から流れ出している。近代の人々はよかれあしかれ、この双子山が自分たちの出発点であり、故郷であると考えていた。

ところがある日、ある鷲のように鋭い目をした男が、この双子山のさらに遠い彼方に峨々たる白銀の高峰を見た。人々は争って彼の指さす彼方を望み見たが、彼らにはそれが雲であるのか山であるのか容易に判別できなかった。やがてその山をほんとうに山だと信ずる人が少数ながら増え始めた。しかしこの人たちも、新しく見つけたと思った山が、双子山のかげに隠れていたもう一つの山で、それ以上のものとは考えず、一般の人々は、彼らに恩恵を与える大河の源はやはり「ルネサンス山」と「宗教改革山」の双子山にあると信じて疑わなかった。

そうこうするうちに、ヨーロッパにはまたもや戦雲がみなぎり、双子山は第三の山もろとも暗雲の中に閉ざされてしまった。世界全体を巻き込んだ第二次大戦が終わり、人々がようやくわれに返ってみたとき、ヨーロッパの人々は、ヨーロッパにははたして望みうる未来があるのかと深刻に自問した。彼らの目は再び彼らのたどってきたその過去に向けられた。そのとき彼らは一様にアッと驚きの声をあげた。「ルネサンス山」と「宗教改革山」の彼方に、この双子山よりさらに高い第三の高峰が、このたびははっきりとみられたのである。

ヨーロッパ人を養っていた、双子山に源を発すると信じられていた「近代」の大河は、実はこの第三の高峰から発しているらしく、「ルネサンス山」も「宗教改革山」もともにこの第三の山の前山にすぎないことがわかった。登山に経験のあるものはだれでも知っているように、登高中は容易に主峰を見つけることができない。そして反対に、主峰の大きさは、前山から遠ざかれば遠ざかるほど、その偉容を現してくるものである。

これが読者の皆さんにお話ししようとした寓話である。詳しい説明は本書の各説にゆずる。簡単にその寓意だけをのべておくと、第三の山はいうまでもなく、「中世」である。ヨーロッパは近代に始まるのではなく、中世に始まるのである。ヨーロッパが一つの歴史的価値概念であるとしたら、中世をヨーロッパの起源とすることは、近代的な「ヨーロッパ」概念は著しく歪曲されたものであるとすることである。近代ヨーロッパの中でつくられたもろもろの文化は、それぞれに意味をもつものであるが、その意味は、もはや絶対化することはできない。中世の歴史的意味がいったん明らかになれば、ヨーロッパ近代の文化と歴史はそれに従って書き換えられなくてはならない。

すでに第二次大戦後、戦前すでに胎動していたヨーロッパ連合の動きが再び盛んになり、ヨーロッパに最初の枠組を与えたシャルルマーニュが従来とは異なった新しい意味をこめて再評価され、古都アーヘンには、「ヨーロッパ統合」の礎石が建てられた。それにもまして重要なのは第二ヴァチカン公会議であって、カトリック教会とプロテスタント諸教会——ギリシア正教との和解はここではふれない——は久しい敵対意識を取り去り、キリストにおける合一、「教会一致」を理想とするに至った。そして第三にＥＥＣはＥＣへと進み（現在はＥＵ）、ヨーロッパを構成する諸国家が始源的なものであるのではなく、かえってて最初にヨーロッパがあり諸国家はこのヨーロッパから派生したものであることを確認し合った。

こういった現代の新しい自己意識は、過去の文化と歴史に向ける目をも一変させた。従来は美術史の上でも、古典古代とルネサンスに始まる近代の美術が主たる評価の規準であった。今、人々はこの狭い美術観を捨てて、古代ともルネサンスとも質的に異なるゴシック、とくにロマネスク美術に異常な関心を示している。それはほとんど美術を見る目の新しい開眼である。しかし全体的にみてより以上に大事なのは、近代ヨーロッパの相対化が生み出したところのものであって、ヨーロッパ人は自らを相対化することによって、世界のもろもろの文明に対して新しい態度をもって接しうるようになり、それだけ自らを豊かにすることができることである。そしてこの新しい態度においてだけヨーロッパ人、少なくとも心あるヨーロッパ人は、彼らの未来を見出しえたのである。それはすでに十九世紀以来あった、西洋文明の行き詰まりの打開を東洋文明に求めるという、飛躍したロマンティシズムとは質的に異なったものがあるのである。

私は第二次大戦後のヨーロッパにおける動きをすべて、「中世の発見」と結びつけようなどとは毛頭考えてはいない。しかしヨーロッパの精神的覚醒の根底には、ヨーロッパ人の歴史的自己認識の革新があったと考えている。そしてこの新しい歴史的自己認識の核心にあるのが、私たちがここで取り扱う「十二世紀」なのである。この歴史的自己認識の革新とは、人をその内面から変える「経験」である。ヨーロッパ文明の外見に捉われず、その根源を捉えようとする私たち日本人もまた、この「経験」を私たち自身の経験としなくてはならない。そして実をいえば、ヨーロッパにおいてもこの経験の歴史学的裏づけは、まだ始まったばかりであり、まだまだ一般の認識とはなっていない。私たちがあえてこの困難な問題に挑んだのは、ヨーロッパを通して近代化を進めてきた日本人が、自らの将来を切り開くためには、他の範例にまつことなく、自ら問題を見出しその解決をはかる必要があると信じたためである。

目次・上巻

序　十二世紀と現代　3

Ⅰ　革新の十二世紀　堀米庸三　13
十二世紀はなぜ革新の世紀か／農耕民と都市民／カトリックの世界／騎士文化と封建制度／学問と科学／中世芸術の世界
■対談（Ⅰ）　堀米庸三・木村尚三郎　33

Ⅱ　西欧農耕民の心　木村尚三郎　44
森のヨーロッパ／農業技術の革新と生産の拡大／集村の成立―新しい共同体と生活様式／「戦う人」と城の役割
■対談（Ⅱ）　堀米庸三・木村尚三郎　66

Ⅲ　都市民の心―自由の精神　木村尚三郎　75
ヨーロッパの都市の原型／「市民」という言葉と理念／城壁に囲まれた中世都市／都市生活の実態／「都市の空気は自由にする」
■対談（Ⅲ）　堀米庸三・木村尚三郎　97

Ⅳ　グレゴリウス改革―ヨーロッパの精神的自覚　堀米庸三 ―― 106

〝あるべき秩序〟と世俗権力の教会支配／聖職売買と聖職者妻帯／クリュニー修道院とグレゴリウス主義者／叙任権闘争の経過とカノッサの屈辱／グレゴリウス改革の歴史的意味

■対談（Ⅳ）　堀米庸三・木村尚三郎 ――

Ⅴ　祈れ、そして働け―西欧の修道精神　今野國雄 ―― 129

改革を推進した修道士たち／禁欲主義と神秘主義の修道士精神／修道院の起源と発展―エジプトからヨーロッパへ／聖ベネディクトゥス会則と西欧精神

■鼎談（Ⅴ）　堀米庸三・今野國雄・木村尚三郎 ――

Ⅵ　正統と異端―十二世紀の社会宗教運動　今野國雄 ――

キリストの貧者・使徒的生活の隠修士／民衆の反応と続出する異端／二大異端―カタリ派とヴァルドー派／カトリック教会の対応／インノケンティウス三世の異端対策／異端審問による摘発

■鼎談（Ⅵ）　堀米庸三・今野國雄・木村尚三郎 ―― 188

Ⅶ　騎士道―剣を振るうキリスト者　新倉俊一 ―― 199

騎士の実像と虚像／最古の武勲詩『ローランの歌』／騎士修業と権利・義務／騎士社会のサロン化と堕落／騎士制度の構造と騎士道

■鼎談（Ⅶ）　堀米庸三・新倉俊一・木村尚三郎 ―― 222

Ⅷ

愛、この十二世紀の発明　新倉俊一 ―― 233

身分によって異なる女性観／新しい愛の観念と南フランスのトルバドゥール／最古のトルバドゥール、ギヨーム九世／南とは異なる北フランスの恋愛観／姦通恋愛と反結婚思想／西欧的恋愛の原型

■鼎談（Ⅷ）　堀米庸三・新倉俊一・木村尚三郎 ―― 255

ヨーロッパ中世史年表 ―― 7

参考文献 ――

騎士の実像と虚像／最古の武勲詩『ローランの歌』／騎士修業と権利・義務／騎士社会のサロン化と堕落／騎士制度の構造と騎士道
■鼎談（Ⅶ）　堀米庸三・新倉俊一・木村尚三郎 222

Ⅷ

愛、この十二世紀の発明　新倉俊一 233
身分によって異なる女性観／新しい愛の観念と南フランスのトルバドゥール／最古のトルバドゥール、ギヨーム九世／南とは異なる北フランスの恋愛観／姦通恋愛と反結婚思想／西欧的恋愛の原型
■鼎談（Ⅷ）　堀米庸三・新倉俊一・木村尚三郎 255

ヨーロッパ中世史年表 267

参考文献 278

Ⅳ　グレゴリウス改革―ヨーロッパの精神的自覚　堀米庸三　106
〃あるべき秩序〃と世俗権力の教会支配／聖職売買と聖職者妻帯／クリュニー修道院とグレゴリウス主義者／叙任権闘争の経過とカノッサの屈辱／グレゴリウス改革の歴史的意味
■対談（Ⅳ）　堀米庸三・木村尚三郎　129
Ⅴ　祈れ、そして働け―西欧の修道精神　今野國雄　136
改革を推進した修道士たち／禁欲主義と神秘主義の修道士精神／修道院の起源と発展―エジプトからヨーロッパへ／聖ベネディクトゥス会則と西欧精神
■鼎談（Ⅴ）　堀米庸三・今野國雄・木村尚三郎　152
Ⅵ　正統と異端―十二世紀の社会宗教運動　今野國雄　166
キリストの貧者・使徒的生活の隠修士／民衆の反応と続出する異端／二大異端―カタリ派とヴァルドー派／カトリック教会の対応／インノケンティウス三世の異端対策／異端審問による摘発
■鼎談（Ⅵ）　堀米庸三・今野國雄・木村尚三郎　188
Ⅶ　騎士道―剣を振るうキリスト者　新倉俊一　199

目次・下巻

Ⅸ　西欧型政治原理の発生―封建制度と封建社会
Ⅹ　大学と学問―自由な思索の展開
Ⅺ　近代科学の源流―スコラ自然学と近代
Ⅻ　中世人の美意識―ロマネスクとゴシックの世界
XIII　賛美と愛の歌―グレゴリオ聖歌と世俗歌曲
XIV　中世と現代―革新の世紀の終末と再生

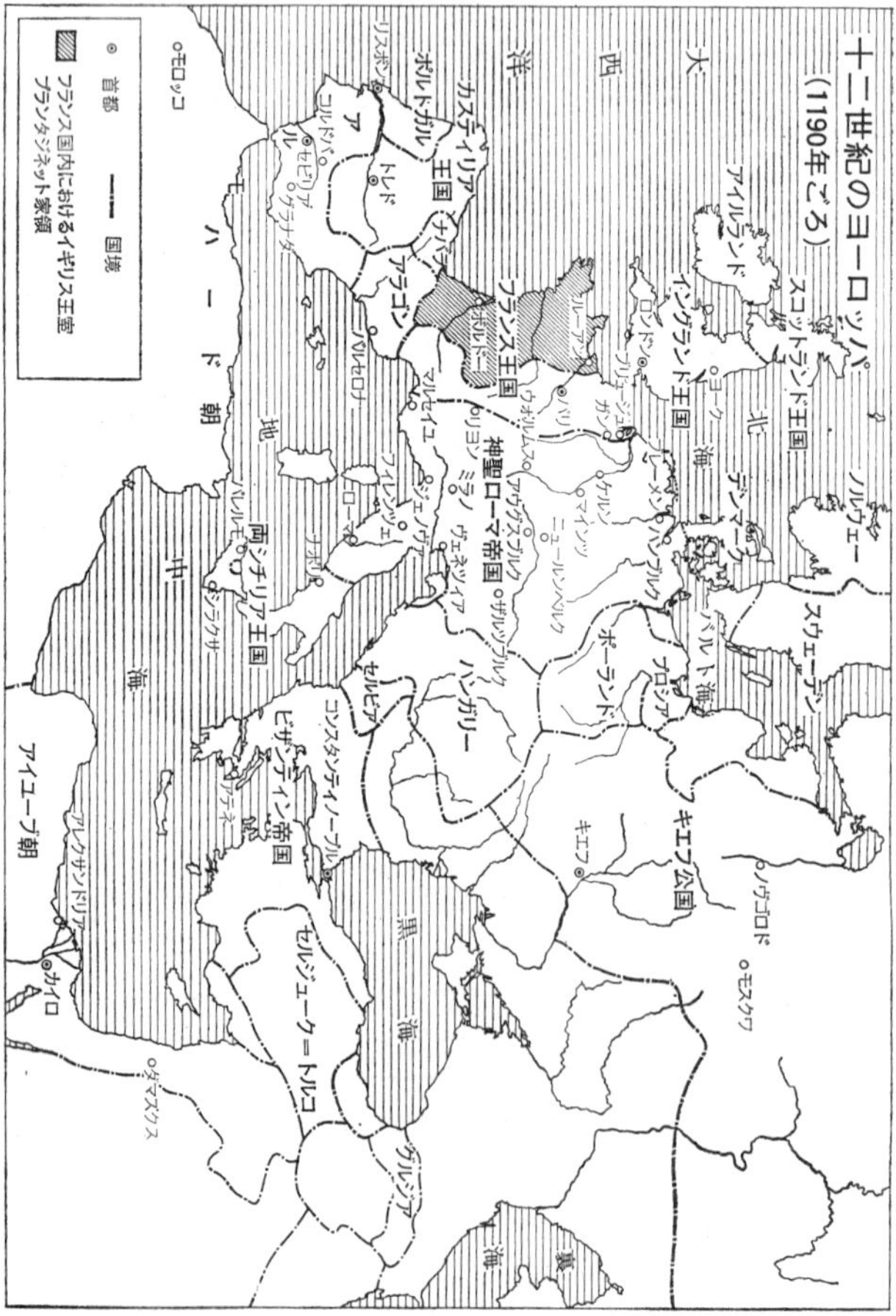
十二世紀のヨーロッパ
（1190年ごろ）
◎ 首都
国境
フランス国内におけるイギリス王室プランタジネット家領
大
西
洋
アイルランド
スコットランド王国
イングランド王国
ロンドン
ヨーク
北
海
ノルウェー
デンマーク
スウェーデン
バルト海
ポルトガル
リスボン
カスティリア王国
トレド
ナバラ
アラゴン
バルセロナ
コルドバ
セビリア
グラナダ
モロッコ
ア
ル
モ
ハ
ー
ド
朝
フランス王国
パリ
ボルドー
ノルマンディ
ブリュージュ
ガン
マルセイユ
リヨン
ヴォルムス
神聖ローマ帝国
ケルン
マインツ
ブレーメン
ハンブルク
アウグスブルク
ニュールンベルク
ミラノ
ジェノヴァ
ヴェネツィア
フィレンツェ
ローマ
ナポリ
両シチリア王国
パレルモ
シラクサ
ザルツブルク
地
中
海
ポーランド
プロシア
ハンガリー
セルビア
ビザンティン帝国
コンスタンティノープル
アテネ
キエフ公国
キエフ
ノヴゴロド
モスクワ
黒
海
セルジューク＝トルコ
グルジア
裏
海
ダマスクス
アイユーブ朝
アレクサンドリア
カイロ

Ⅰ　革新の十二世紀

堀米庸三

十二世紀はなぜ革新の世紀か

皆さんこんばんは。これから十四回にわたりまして「西欧精神の探究」というお話をいたしますが、今日はまず最初に「革新の十二世紀」ということから始めることにいたしましょう。

十二世紀はなぜ革新の世紀であったのでしょうか。『中世の秋』や『ホモ・ルーデンス』でわが国でもよく知られているオランダの歴史家ヨーハン・ホイジンガの『前ゴシック期の人々』には、次のような言葉があります。

「西洋キリスト教文化がその決定的な姿と形を得たのはいったいどの時代なのか。その時代を特定しようとするならば、十二世紀とせねばならないであろう。十二世紀は比類なく創造的で造形的な時代であった。普通、ルネサンスとよぶ時代よりも、一一〇〇年代の一世紀のほうがはるかに多くの覚醒と発展に満ちていた。」

この言葉は非常に大事な言葉でありますけれども、このような言葉が発せられるに至りました事情はいっそう複雑なものがありまして、なおさら注目に値します。元来、中世という時代は野蛮な迷蒙の時代であったと久しく考えられてまいりました。それが、実はそうではない、ヨーロッパ精神の故郷《ふるさと》なのだ、というように考え直されるようになりましたのは、だいたい二つの大戦の間の時期であるといってよろしいのであります。そのような主張を掲げた人々のなかでも、アメリカの歴史家のチャールズ・ホーマー・ハスキンズという人は特別に主要な人物であります。この人の中世論が『十二世紀のルネサンス』という有名な本なのであります。

しかし、この大戦間期における認識は、第二次大戦が終わりましてからさらに大きく深められまして、単に中世の中にヨーロッパ精神の故郷を求めるというだけではなしに、とくに十二世紀が重要視されるに至りました。さらにこの十年来はロマネスクの芸術がゴシックの芸術をこえてさらに大きな関心を引きつけていることになっております。そして、このロマネスクの芸術がいわば完成の域に達するのが十二世紀の前半であり、その同じ世紀の後半からはゴシックの芸術が発達し始めるのであります。

十二世紀は、こういった意味において非常に注目すべき時期であるばかりでなく、先のホイジンガの言葉にありますように、ヨーロッパが内的にも、外的にも激動に満ちた時代であったという点に注意を払うべきではなかろうかと思います。

ところで、今ヨーロッパと申しましたが、私たちがそう申しますときには、主として第二次大戦前の西ヨーロッパのことを考えて、そういいます。ヨーロッパという世界はローマの世界が解体したあとにつくられたもので、ちょっと巻頭（一二ページ）の十二世紀のヨーロッパの地図をご覧いただきますと、この地図の中では、ポーランド、ハンガリーあたりまでがカトリック、つまり西の世界に属しており、これから東のほうはコンスタンティノープルを中心にした東ローマの世界、あるいはスラヴの世界に属しております。それを総称してギリシア正教の世界というのでありますが、私たちがヨーロッパの世界を考える場合には、つまりは、このハンガリー、ポーランドから西側の世界、すなわちローマ教会を中心として結びついたカトリックの世界を考えるのであります。

このような世界がいったい、どうしてできてきたかということを考えることが、つまりは、十二世紀が大きな革新の時代だったということを理解するのにも役立ちますので、そのことについて少し申し上げましょう。

私たちがこのヨーロッパ世界が誕生したという場合には、シャルルマーニュのローマ皇帝への戴冠を考えるのがふつうであります。ちょうど西暦八〇〇年という年にフランク王シャルル、つまりシャルルマーニュまたはカール大帝と呼ばれる人物が、解体したローマ帝国のあとに残された多くの部分を一つの国までまとめ上げ、それをローマ帝国として復活させました。これを通常、西ローマ帝国の復活などと申しますが、実際は当事者の意識においてもローマ帝国の復活、復興そのものだったのであります。このローマ帝国の復興が、ヨーロッパ世界の成立の重要な第一段階になるのであります。しかしヨーロッパが一

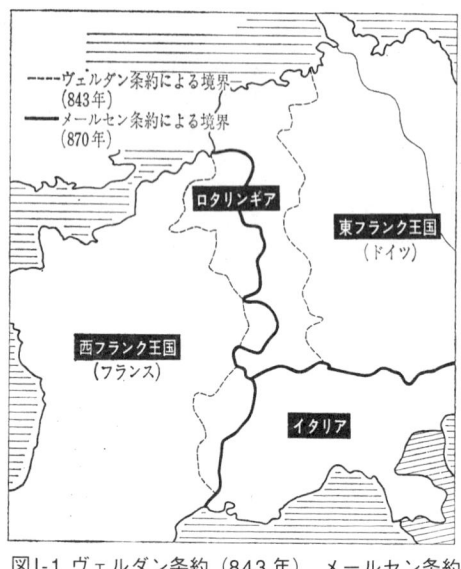

図I-1 ヴェルダン条約（843年）、メールセン条約（870年）によるシャルルマーニュの帝国の分裂

挙にでき上がったかといえば、そうではない。

と申しますのは、このシャルルマーニュのつくりました国は、そのまま中世へとつづいていったのではなくて、むしろ比較的短い期間に解体してしまうのであります。つまり、〈図I-1〉の地図でご覧になれますように、八四三年のヴェルダンの条約によってシャルルマーニュの帝国は三つの部分、東フランク（のちのドイツ）、それからロタールの国（ロタリンギア）とイタリアがいっしょになった中王国、それから西フランク、つまりだいたいのちのフランス、こういった三つの部分に分かれてしまうのであります。さらにロタリンギアの中間に線が入っておりますが、この線がつまりは八七〇年のメールセン条約によってもう一度分割されまして、東が東フランク、つまりのちのドイツに、西が西フランク、つまりのちのフランスのほうに属することになる境界線を示しております。こうして、シャルルマーニュの国は大きく分解してしまうのであります。

このような内部的な分裂にさそわれまして、今度はヨーロッパの外部からたくさんの民族がヨーロッパの内部に入り込んでくる。つまり、四世紀の末にローマが衰えてまいりましたときに、ゲルマン民族がその中に侵入してきましたように、フランク帝国が衰えてまいりますと、今度はその周りにいた民族がフランク帝国の中に入り込んでくる。その第一のものはフランクと同じゲルマン民族でありますが、ノルウェーであるとか、あるいはスウェーデンであるとか、その方面に住んでいたいわゆるヴァイキングなるものがヨーロッパへとやってくる。

その次は、東のほうからやってきたマジャール人。これは東洋の人種に属する人々で、今日のハンガリー人の祖先であります。彼らもヨーロッパの中心部まで深く侵入してまいります。そしてやがて下巻〈図IX－2〉の地図にありますように、ハンガリー（当時のパンノニア平原）に定着するのでありますが、最後の侵入者は南方からやってまいりましたアラブ人、より正確にはイスラムの海賊たちがヨーロッパに侵入してまいります。そういうような外部民族の侵入の結果として、シャルルマーニュの帝国は政治的にもまったく麻痺してしまい、そこにフランク王国を継いだ西フランクとか、あるいは東フランクとか、

図Ⅰ-2 アーヘン大聖堂（撮影・木村尚三郎）

図Ⅰ-3　シャルルマーニュの大理石の玉座（撮影・堀米庸三）

そしてさらにはドイツ、フランスといった国々が生まれてくることになるのであります。

〈図Ⅰ－2〉の写真は、先ほどのべた大統一、つまり西のほうにローマの皇帝権を興しましたシャルルマーニュが建てたアーヘン（西ドイツ・ベルギー国境に近い）にある宮廷、その宮廷の一部に設けられた教会であります。ふつう、アーヘンの大聖堂《ドム》といわれるものでありますが、この大聖堂の中にカール大帝、シャルルマーニュの有名な大理石の玉座〈図Ⅰ－3〉があります。この玉座が、ローマ人の皇帝権のシンボルになるわけであります。

　ところが、先ほど申しましたようにシャルルマーニュの国が分裂してしまった結果として、東のほうにはドイツ、西のほうにはフランスができることになるわけでありますが、この二つのうちでまずドイツのほうに早く政治的なまとまりができ上がります。それはいってみれば、外部の侵入勢力マジャール人に打ち勝ち、これを契機にして国の統一を達成することができた結果でありますが、西フランクではノルマンの侵入を防ぎきれず、まだまだ混乱がつづくのであります。そこでドイツのほうにひと足先にシャルルマーニュの皇帝権を継ぐ新しい王朝、新しい王国が生まれてくることになるわけです。これがオットー一世に始まるザクセン王朝の神聖ローマ帝国であります。この神聖ローマ帝国をシンボライズするのが、先ほどのシャルルマーニュの玉座でありますが、ザクセン王朝を継いだサリ王朝ではさらにブロンズ製の神聖ローマ帝国の玉座〈図Ⅰ－4〉が作られ、ドイツのゴスラールという町に残っております。このゴスラールという町に十九世紀に復元された旧王宮があります。かつて、この王宮には付設されていた大聖堂の玄関楼（ドイツ・ロマネスクの傑作の一つ）にあたる建物が現存しておりますが、この建物の中に、今申し上げたブロンズの玉座があるのであります。先ほどの大理石の玉座に対して、これはブロンズの玉座でありますが、ともに神聖ローマ帝国を象徴するものであります。

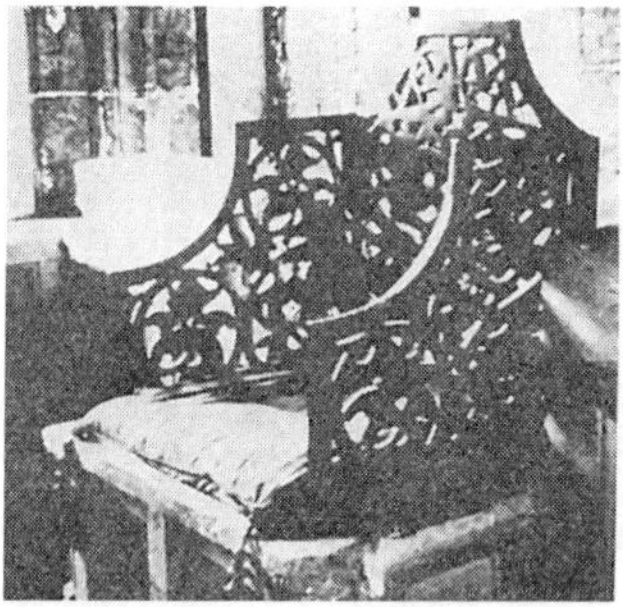
図Ⅰ-4 神聖ローマ帝国のブロンズの玉座

そして〈図Ⅰ－5〉は、オットー一世以来、神聖

図I-5　神聖ローマ帝国の王冠（R. Delort; *Le Moyen âge,* Edita 1972 より）

ローマ帝国が戴冠いたしまして皇帝となったところの王冠であります。あるいは帝冠といってよろしいわけでありますが、これはウィーンの旧王宮内に設けられた宝物庫《シャッツカンマー》に保存されています。

そういうわけで、中世のヨーロッパにありましては、そのはじめに十二世紀、より正確には十世紀から十一世紀にかけて、政治的な力がまずドイツに、次いでまた徐々にフランスに現れてくるのでありますが、この政治的な力が大きくなり、西のほうにローマの皇帝権、つまりはこの世における唯一の正統な支配権といわれるものをつくり出す。こうしてギリシア的な東方ヨーロッパ（中世にこの呼称はない）に対して、西方にローマ的な政治の中心がつくられますと、今度は、それまでは東方権力のもとにありましたローマ・カトリック教会、このカトリックの教会の中心である法王権と皇帝権が共同して、中世ヨーロッパ世界をつくり上げていくことになる。この二つの力の結びつきは、すでにシャルルマーニュの皇帝権の基礎にあったものでありますが、これが神聖ローマ帝国にも受け継がれまして、オットー一世以来の神聖ローマ帝国の基礎になっていくのであります。

この中世ヨーロッパ世界は、しばしば一つの楕円的統一に例えられます。それはこの世界を形成する二つの力、法王権と皇帝権とが相互に相手を必要としつつも、自らを全的に相手にまかすことができないからであります。法王権は自らの権威を守るためには、全面的に皇帝権に依存できないし、皇帝権は自らの権威を高めるためとはいえ、法王権の権威を借りる。ここから中世世界は必然的に楕円の形をとらざるをえないのであります。

農耕民と都市民

次に、これからお話しいたしますプログラムについて、簡単に説明しておきたいと思います。

十二世紀という時代が激しい動きに満ちた革新の時代であるということの意味は、それまでのヨーロッパとは違ったヨーロッパがこの時代にでき上がったということなのです。少し具体的に申しますと、これまでとは違って、ヨーロッパの中に都市がいっせいに興り、経済生活が従来の農業中心の生活から商業生活、さらに手工業の生活にまで広がってまいります。ベルギーの歴史家アンリ・ピレンヌは、「商業の復活」と名づけましたが、これは必ずしも正しくありません。つまり、私のいう商業とは、単なる商業、世界中、昔から至るところにあった商業とはまったくその性質を異にしているのでありまして、ピレンヌには残念ながらこのような観点が欠けているのであります。このことは第二回、第三回の講義のなかで詳しくお話しされることになっております。

他とは違うヨーロッパ風農業が次第に盛んになってまいりますと、他の歴史的条件と結びつきまして、そこに他の歴史社会にはみられない現象が現れてまいります。農業上の技術革新はシャルルマーニュの時代から起こってくるのですが、それによって農業の生産は高まってくる。この農業生産の向上からして、そこに農業に依存しない、農業をつとめずにすむ他の人々が生まれてくる。つまり、社会学的に抽象して申しますと、社会的な労働が手工業と農業の二つの部門に分かれていく。この二つの部門をつなぐものとして、商業が出てくる。このような商業がヨーロッパ中に出てくる。換言しますと、ヨーロッパにおける都市の誕生でありますが、これが十一世紀から十二世紀にかけての顕著な傾向であります。このように農業に支えられた、強固な基礎をもったヨーロッパ商業の出現、これがピレンヌのいう、しかしピレンヌの認識になかった「商業の復活」の本来の意味なのであります。こういったことが、第二回ないし第三回目の講義で、「西欧農耕民の心」とか、「都市民の心」というテーマのもとに説明されることであります。

カトリックの世界

しかし、十二世紀が最も革新的な世紀であったということの意味は、単に社会・経済的にヨーロッパが新しくなったという点だけにあるのではないのはもちろんであります。いな、そこに大きな精神的覚醒が生まれたというところにこそ、十二世紀が革新の世紀であるということの最も深い意味があるのであります。

この十二世紀の革新を生み出した原動力となったのが第四回目にお話をするグレゴリウス改革であります。グレゴリウス改革という名称は、この改革を主導いたしました法王グレゴリウス七世の名にちなんで名づけられたカトリック教会全般に関する、あるいはカトリック世界全般に関する大きな改革でありますが、このことについては第四回目に詳しくお話しするといたしまして、こういった改革がヨーロッパの中に生まれてきたその原動力はいったいどこにあるのでしょうか。ヨーロッパのキリスト教の歴史は実に千数百年にわたって長いのでありますが、そこには栄枯消長がつねに繰り返されている。ヨーロッパの中に信仰が衰えてくる場合、いつもそれを盛り返す役割をもってきたのが修道院ないし修道院から出た運動であります。ヨーロッパの修道院は、だいたい六世紀のはじめに聖ベネディクトによって創《はじ》められたのでありますが、ここでは十二世紀にできたクリュニー系のもの、南フランス（トゥールーズ近傍）にあるモアサックの修道院の写真〈図I－6〉を一例に用いました。この修道院の親修道院、ブルゴーニュにあるクリュニー修道院がグレゴリウス改革が起こるにあたって間接的に大きな役割をもっているのであります。

この修道院に関するお話が第五回、第六回の講義になるのであります。グレゴリウス改

図I-6　南フランスの モアサック修道院（撮影・木村尚三郎）

革なるものは、単に教会だけの改革ではなくて、カトリック世界全般の改革であると先ほど申し上げましたが、この改革は、一般の民衆に対しても非常に強い精神的な覚醒運動となって現れてまいりまして、そこに人々がほんとうの意味での信仰を求める種々の自発的な運動を起こしてまいります。そのような自発的な運動は、しかしながら、教会の既成の教化組織の枠をこえて、ときにはきわめてラディカルなものになる場合もある。ときあたかもこの時代は十字軍の時代にあたるわけでありますから、そこで東西の交流も急速に盛んになり、その間カトリック教会の立場からは、とうてい容認しえない異端の教義・思想も西のほうに入ってまいります。このような事の成り行きからして、十二世紀には信仰の上で正統と異端の二つが大きく対立することになります。この二つの信仰上の対立が、十二世紀の精神生活の上で大きな動きとなって現れてくるのでありますが、この二つの対立のなかからほんとうの意味で十三世紀の法王権の絶頂期というものが生まれてくる。あるいは法王権を支える大きな、従来とはまったく趣を異にした新しい修道会が生まれてくることになります。

騎士文化と封建制度

さて、この十二世紀はいうまでもなくヨーロッパの騎士の時代であり、ないしは騎士文化の時代であります。その騎士文化に関しましては、ここでは一例として、ノルマンディー侯ウィリアムのイングランド征服の図〈図I－7〉（バユーのタピストリー・壁掛け）をお見せすることにいたします。帽子に手をやっているのが征服者ウィリアムであります。騎士はこの時代の重要な担い手であることはいうまでもありません。この騎士の生活と文化につきまして、第七回、第八回の二回にわたりまして、一つは騎士道を中心に、もう一つは騎士道の中に含まれております騎士的な愛、あるいは騎士的な宮廷の愛というものを中心にお話しする予定であります。〈図I－8〉は、十五世紀はじめにできましたベリー公のカレンダーの一部でありますが、このように優美な風俗はもちろん十二世紀以後の騎士文化の生み出したところでありますが、実はそれは騎士がすでに無用のものになりかけていた産物でありまして、ほんとうの騎士の姿

図I-7　ノルマンディー侯ウィリアムのイングランド征服（バユーの壁掛けから）

図I-8　ベリー公のカレンダー（5月）

は先に示したバユーの壁掛けのほうに見出されることを知っておいていただきたいと思います。

この時代は、同時にまた封建制度の時代であります。封建制度の時代、あるいは封建制度そのものがグレゴリウス改革の動きと大きな関係をもっているということもまた、グレゴリウス改革をお話しするときに申し上げたいのでありますが、このグレゴリウス改革の時代における動きとの関連におきまして、騎士の社会、あるいは封建政治のなかに新しい西欧的な政治の原理が生まれてくる。簡単に申しますならば、それは封建制度のなかから議会政治が生まれていくということであり、そういう過程が封建政治の動きとの関係でわれわれが考えてみなければならないものだということであります。これが第九回の話となります。

学問と科学

そしてまたさらにグレゴリウス改革の時代は、これは人々の間に大きな信仰上の対立、信仰上の問題に対する深い問いを与えると同時に、他方この改革は、世俗権力と、教会権力との戦いであり、そこからして、相互の立場の弁証を中心にして、政治上、宗教政治上の論議が盛んになった時代であります。こうした時代の動きからしましてローマ法が復活し、あるいは神学、論理学、弁証学がグレゴリウス改革の刺激を受けて発展してまいります。そこに現れてまいりますのがヨーロッパ中世の大学であり、法学を中心にするところのボローニア、神学を中心にするパリ大学であります。また医学の中心としてイタリアのサレルノ、南フランスのモンペリエとか、その他多数の大学が生まれます。この大学の中で行われるのが、総合的な学問としてのスコラ学であります。この学問は、常識的に考えられますものとは甚しく違いまして、ヨーロッパ学問の方法に確固たる基礎を与えたものであります。そしてこのスコラ学が最も独創的な展開をとげるのが十二世紀でした。このことを解き明かすのが、第十回の「大学と学問」の課題であります。

ところで、このような学問はヨーロッパだけから生まれてきたと考えることはできません。むしろヨーロッパは他からいろいろなものを受け取って、それを自分のものとして自己の学問を形成していく。ヨーロッパが受け取った学問の一つは東ローマ、つまりコンスタンティノープルからですが、直接にここから受け取ったのは必ずしも多くはなく、シチリアにあったコンスタンティノープルの学問のほうがさらに大きい。しかも、シチリアのギリシア学はコンスタンティノープル経由であるよりアラビア経由のもののほうがはるかに重要です。そこでヨーロッパの学問形成に最も重要なパイプとなったのは、シチリアをも含むアラビアの学問だということになります。

イスラム教徒はギリシアの学問を受け取り、これを大いに消化吸収しますが、このイスラムのアラビアに取り入れられたギリシア的な学問をヨーロッパが摂取するようになったのが十二世紀なのです。十二世紀前半には、コーランをはじめとするところのイスラムの学問の導入が始まるのです。

図I-9　シャルトル大聖堂（撮影・木村尚三郎）

中世芸術の世界

これが第十一回目のお話になるのでありますが、それにつづきまして、今度は十二世紀の芸術的な面に目を注いでみます。そこに出てくるのが、ロマネスクの芸術であります。十一世紀から十二世紀にかけましてロマネスクのさまざまな立派な教会堂が作られてまいりますが、ここにありますのは、中部フランスのシャルトルのカテドラルの入り口です。〈図I-9〉。シャルトルはふつう初期ゴシックの代表作となっておりますが、このカテドラルの入り口だけは、ロマネスクなのです。この入り口上部のティンパヌム〈タンパン〉は栄光のキリストを示していますが、この浮き彫りは古代の、あるいはルネサンスないしそれ以後のものとは決定的に違う中世独自の美意識を示しており、そこからしてまたとくに現代の私たちに直接訴えるところがあるのです。

さて十二世紀の半ばまでがだいたいロマネスクの時代であるといたしますと、そのあとはロマネスクのなかに生まれましたいろいろな技術を別なアイディアのもとに総合したゴシックの時代となります。

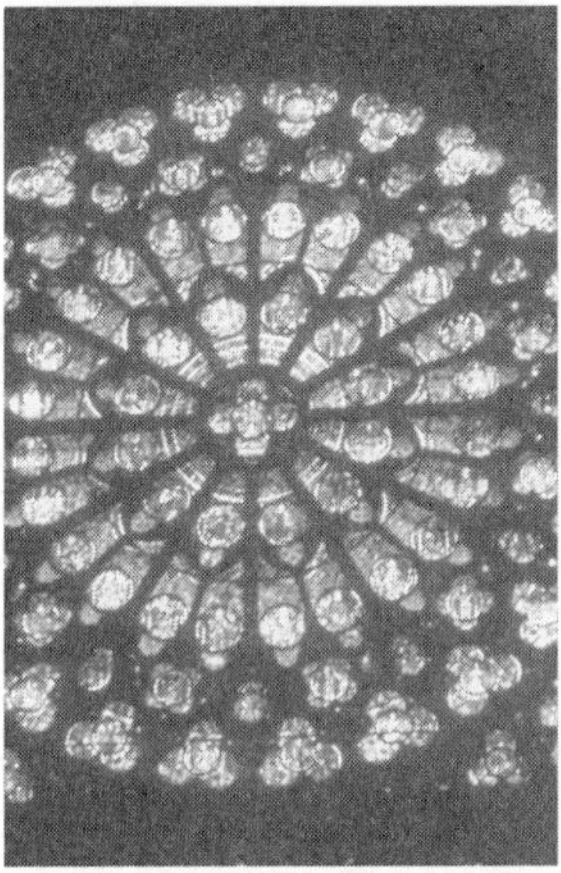

図I-10　ノートルダム大聖堂のバラ窓（撮影・木村尚三郎）

ここに見られる写真〈図I-10〉は、パリのノートルダム大聖堂のバラ窓でありますが、このバラ窓といったステンドグラスは、つまり光の芸術です。こういった光の芸術は中世にはじめて現れる芸術でありまして、こういった問題を第十二回目の「中世人の美意識」というところで扱ってみたいと考えております。

ところが、十二世紀という時代の芸術は、何もこれだけではありません。とくにヨーロッパの芸術の特徴を考えなければならないのは音楽でありますが、この音楽もこの時代に画期的な発展をとげるのであります。ヨーロッパの音楽は、その他もろもろの学問や芸術と同じように、キリスト教会を中心にして発達しますが、音楽もまた中世では教会音楽、つまりグレゴリオ聖歌を基礎にして発展いたします。このグレゴリオ聖歌はだいたい八世紀から九世紀ごろにその形を整えてくるものでありますが、そのなかからは多種多彩な新しい音楽が生まれてまいります。ちなみにこのグレゴリオ聖歌を近代になりまして中世の昔の姿に再興した修道院がフランスの中部にあるソレームの修道院であります。このソレームの修道院から現代のグレゴリオ聖歌の基本が生まれ、私たちがその歌い方をレコードを通して親しむことができるようになっているわけであります。またグレゴリオ聖歌の発展の結果として、中世の社会には、それまでの単声の音楽から多声の音楽が生まれてくると同時に、他方においては、南フランスを中心としたトルバドゥールの音楽、シャンソンというものも生まれてまいります。こうして中世人の感情が、リズムとなりメロディとなってわれわれの時代まで届いている。それが今日ではオリジナルな形で演奏され楽しまれているのであります。

以上のような問題が、これから私たちが十三回にわたって考えてみたいところのものでありますが、この十二世紀はやがてゴシックの最盛期となる十三世紀に移り、そしてさらに十四、五世紀の後期ゴシックの時代、いわゆる「中世の秋」を迎え、やがてはルネサンスや宗教改革を通していわゆる近代になるわけであります。とはいえ中世は何もその後の時代のためだけにある、あるいはその後の時代を準備するためにだけあったというように考えてはなりません。それは歴史の偏った見方にすぎません。中世は私たちにとってそれ自体の価値をもっているのでありまして、ルネサンスやその後の近代の思想や科学の基礎になると同時に、その間にあるすべての時代を飛び越えて、直接現代に生きているのであります。これが歴史を知るために最も大事な点であります。

そういうことを念頭において、十二世紀という時代を考えてみなければならないのでありますが、さらにもう一つつけ加えておかなくてはならないのは次のことであります。

私たちは明治以来、欧米の文明を受け入れて近代化をなしとげ、今日に至っております。しかし、それにある程度成功したのは単にヨーロッパ文化の外形を取り入れ理解したためではけっしてないのであります。しかし私たちがさらに進んで独創的な文化をつくり上げるためには、私たち日本文化のそれとともにヨーロッパの根源を理解することから始めなければなりません。そうである以上はギリシア・ローマの古典文化を理解すると同時に、中世に始まるヨーロッパの文化を理解しなければなりません。そのゆえにこそ、私はあえて一般にはなじみの少ない十二世紀のヨーロッパをテーマとして「西欧精神の探究」というこの講義を始めることにしたのであります。

■対　談（Ⅰ）

堀米庸三
木村尚三郎

木村　ただ今、堀米先生からこれからの「西欧精神の探究」と題します講義のねらいと概要についてお話ししていただきました。

今のお話でもうすでに皆さんはよくおわかりかと思いますが、私たちにとりましてヨーロッパはたいへん深い意味をもっているわけであります。今、お話の最後にありましたように、近代日本はヨーロッパの科学技術・思想を取り入れて今日まで発展してまいりました。ある意味では、日本というのは、ヨーロッパの知的な子供であるという性格をもっているというふうに思います。そのヨーロッパが今日たいへん大きな変貌をとげているのはご承知のとおりだと思います。つまり、今世紀の終わりに目標をおきますところの政治的、経済的統合をめざして、ヨーロッパはただいま力強く邁進しているという事実がありまして、それだけに私たちのヨーロッパに対する関心はたいへん大きなものがあろうかと思います。いってみれば明治、大正、昭和を通じてわれわれの先生でありましたヨーロッパの精神の仕組みを今日再び明らかにし、それを通して私たち自身がヨーロッパの科学技術、思想を受け継いだうえで日本的な精神風土とマッチさせ、新しい日本文明を国際的に打ち出していく必要があろうかと思います。その意味でこの「西欧精神の探究」というのは、まさに現代的な意味をもっているというふうに思います。

ところで、今回のお話はまさに十二世紀という特定の世紀を中心にしております。この点では、今までふつう、ヨーロッパ中世史に出てくるいわゆる概説的な物語とはたいへん違った様相があります。つまりこの十二世紀を中心に、文化であるとか宗教、政治、経済、芸術、学問、こういったものをさまざまな観点で眺めてみたいというわけであります。なぜこの十二世紀を取り上げるかということは、今、堀米先生のお話にありましたように、この時期こそ現代ヨーロッパが誕生したというか、今日の精神であるとか、政治、経済、文化といったものの基礎ができ上がった時期であるということでありまして、この時期についての評価が今日たいへん重要視されているということであります。この十二世紀をいろいろな点からこれから眺めてみまして、それを通してヨーロッパを知り、また日本を知るというのがねらいであります。

今のお話で基本的な問題はつきているわけでありますが、堀米先生とごいっしょに、この十二世紀のもっている意味なり、またこれからのお話、講義のねらいなりをもう少し深めてみたいと思います。

ゲルマン民族の移動と古代世界からの分離

木村　先生どうもお疲れさまでした。ところで、今の講義にも出てまいりましたが、中世ヨーロッパが一つの独自の価値をもっているというお話がございました。その「中世」という言葉ですが、これからわれわれの使う用語といたしましては、四世紀から六世紀にかけてのゲルマン民族の大移動と、それから後の時代が含まれていないわけですけれども、この時期はいわゆる本来的な中世とは違う、ないしは中世とは無縁の時期ということなのでしょうか。

堀米　そのことはそうではなくて、逆にむしろ十二世紀が生まれてくるまでの重要な準備をなした時代である、というふうにいわなければならないと思います。これは木村先生などは私などよりもっとご存じのところに違いありませんけれども、先ほどピレンヌの名前を出したように思いますが、だいたい古典古代の世界は、地中海を中心にしてでき上がっていた世界だったわけですね。ところが、これがあまりに大きすぎて、そしてローマ自身がそれ全体を統合するだけの力をだんだん失っていくというところからいたしまして、西と東にだんだん分裂していく傾向を示すようになってくる。ちょうどそういうときに、ゲルマン民族というものが外から入ってくるわけですね。だいたい四世紀の終わりの三七五年から始まるわけですけれども、さらに四七六年と一世紀遅れた次の時点でみますと、西ローマの皇帝権はそこで絶えてしまうわけですね。そこではじめて東のほうだけに皇帝権が残って、西のほうは従来ローマ帝国の中心だったところのローマには皇帝権もない。こういうような状態がつづくわけです。

しかし、その前に申し上げておかなければならなかったのは、このようなローマの内部的な衰退について、とくに東部の方面の国境の防衛ということのために東のコンスタンティノープルに、例のコンスタンティヌス大帝が都を移すということで、そこではじめて東のほうにローマの中心が移ったわけです。それに対して、西のほうには副皇帝というものが最初おかれていた。ところが、両方に皇帝がおかれる分治の時代が出てくるわけですね。その西ローマのほうは四七六年という年にゲルマン人の侵入によってその皇帝権そのものも滅びてしまうということになりますから、そこで古代の世界は西のほうに関するかぎり終わりになったというような印象を受けますが、実際問題としては、ピレンヌという人の主張がその点では正しいと思います。けっしてそんなに簡単に終わりになったものではない。その後ピレンヌの説に対するいろいろな反対も批判もありますけれども、地中海を通じての商業であるとか交通であるとか、そういうものがいっぺんになくなったわけではない。入ってきたゲルマン人もローマ帝国を倒すためにだけやってきたわけではない。むしろそこにいたローマ人を治めるためには、東ローマの皇帝から承認を得てそれを統治するほうが楽だということもありまして、西のほうに皇帝権はなくなったけれども、ゲルマンの王権は東のローマ皇帝権というものと結びついていったわけですね。ですから、地中海世界というものは、ある意味でやはりそのまま存続していたということさえできるわけです。

ところが、ピレンヌの説によりますと、例の七世紀に始まるところのイスラムの興起によって、イスラムが地中海世界に進出し、さらに東のほうから南方、それからまた西のほうへとどんどん発展いたしまして、八世紀にはついにスペインにまで上陸するというふうにして、地中海世界は昔のような商業交通ができるようなものではなくなってしまった。そこに行ってみれば古代ローマの終わりがくるのではないか。こういうようにピレンヌは考えている。

ところが、必ずしもそういうわけではないのであって、このピレンヌの説はいろいろな意味で検討されなければなりません。が、ともかくそんなふうにして、一方ではゲルマン民族の移動の結果が深い影響を古代のローマ世界に与える。他方はイスラムの侵入、これも別な面でいえば一つの新しい民族の大移動だということができるわけですけれども、こういうようなものによって東と西というものは分かれていこうとしていく。ところが、西のほうには、皇帝権はないけれども、ローマ法王という非常に重要な教会の中心になるべき人物がいるわけですね。この西のローマ法王権というものがいったいその後どういうことになるか、というところにたいへん大きな問題があるわけです。法王は皇帝を自分の保護者、あるいは支持者としているわけですが、東と西の間はそう簡単に克服できるだけの距離ではない。そこで西のほうでは、法王権の新しい擁護者と申しますか、支持者になるような力が出てこなければならない。そこで、その要求に応えて出てきたのが、さっき申しましたシャルルマーニュというフランクの国王だったわけですね。そこで八〇〇年にそういうシャルルマーニュが皇帝として戴冠されたということは、いってみれば古代の末以来分離を始めながら、しかも分離しきれないでいる古代世界から最終的に訣別した。ある意味で、きちんとそこに区別をつけたという時期だったわけですね。ですから、そこでシャルルマーニュの八〇〇年というところから、われわれは話を始めるということになるわけですね。

ヨーロッパの自覚

木村　そうすると、今まで地中海を中心にしていた先進地帯が古代からあり、それからもう一つ新興勢力のイスラムの世界がありましたね。両方を踏まえたうえで新しい社会や経済や文化や宗教の中心が、アルプスの北、北西ヨーロッパに次第次第に移ってきて、いわば古代とも違うし東とも違う、はっきりとした新しい違いが出てき始めるのがカール大帝の時代である。しかし、その時代はまだ準備期であって、今日私たちが見るほどはっきりしたものではなく、それが十一世紀、十二世紀に花開くということですね。

堀米　そうですね。だいたいシャルルマーニュの時代の皇帝権というのは、ローマの皇帝権であって、それはいってみれば東ローマの皇帝権と意識的にはほとんど変わらない。ですから、これがほんとうに中世的な皇帝権に変わるためにはしばらくの経過を必要としたんですね。そこに、マジャールとかノルマンとかイスラムとかが侵入してくる混乱の時代というものがやはり必要であった。しかも、そのあとに興った神聖ローマ帝国の初期においても、シャルルマーニュに受け継がれた東ローマ的な皇帝の意識、皇帝の理念はなおつづいている。こういうような理念をぶち壊して、ヨーロッパにふさわしい、宗教と政治というものがおのおの相譲らないような、そういうような形としての新しい秩序が生まれてくる。この秩序をつくっていったのがいわゆるグレゴリウス改革だ、ということになるのだろうと思いますね。

ですから、そこではじめて十一世紀から十二世紀にかけてヨーロッパが新しい自覚に到達した。それからまた今おっしゃったように花開くというような時期に到達するということができるかと思いますね。

〝中世＝暗黒時代〟観の誤り

木村　実質的にはまったくそういう見方をこれからはしなければいけないと思うのです。今まで、中世というと暗黒時代ともいわれてきたのは、あれは近代人の発想であって、とくに十七世紀にはケラーというドイツの人文主義者が出てきて、中世という時代はわれわれの現代十七世紀と、それからギリシア・ローマとの間にはさまったいわばギリシア・ローマの光の及ばない無知蒙昧な時代、暗い時代、ないしはギリシア・ローマと現代との間にはさまった無意味な時代というふうに理解してきた。

堀米　中間の時代ですね。とくに啓蒙時代以来ですね。

木村　中間の時代です。ここから中世という言葉が始まって、そういうイメージが今でも形を変えながらつづいてきていると思うわけです。そういったギリシア・ローマを非常に意識するという精神ですけれども、あれはヨーロッパ人にとってギリシア・ローマというのはきわめて先進的な、ある意味では外国文化みたいなところがあって、それに対する劣等感をずうっともちつづけてきたということと関係がないでしょうか。

堀米　そういう点は、例えばイタリア人が古代ローマ人の後裔であるというようなところから、自分たちのほんとうの先祖はそうなのであって、中世の野蛮なドイツ人やフランス人ではないというような意識が非常に強いだろうと思いますし、それからまたドイツ人やフランス人にしてみれば、確かにギリシア・ローマに対するコンプレックスは非常にあったと思いますね。

木村　フランスのほうでも、ゲルマン民族の大移動、四世紀から六世紀の大移動のことを、今までは野蛮人の侵入といっていたわけですね。これは要するに野蛮人が入ってきて、ローマ文化を受け継いでいるフランスの地域、ないしはヨーロッパの地域にそれを乱す要素として入ってきた。こういう意識が非常に強かっただろうと思うのです。

堀米　それは何もフランスばかりではなくて、イギリスでもどこでもそうでしたね。

木村　ところが、最近は変わってまいりまして、必ずしも「野蛮人の侵入」というういい方はいたしませんで、「ゲルマン人の渡来」といういい方をするわけですね。これはおそらくヨーロッパ自身の基礎を虚心に眺める実力が出てきたといいますか、自信ができたということと、それからもう一つは、自分たちの祖先はゲルマン人であって、ローマ文化を受け継いでいるかもしれませんが、ゲルマン人を敵視しなければいけない理由はなんにもないわけですね。

堀米　ほんとうはおかしなことなんですね。イギリス人にしてもフランス人にしても、自分の先祖を野蛮であるというふうにだけどうして長い間いいつづけていられたのか。私たちにとっては非常に不思議な感じがいたしますね。

十二世紀再評価と現代ヨーロッパ

木村　そうですね。まともなことがまともにいえるようになったというのは、やはり現代におけるヨーロッパの画期的な発展と深く関わっているように思います。

堀米　それからもう一つは、ヨーロッパというものが、世界を支配するヨーロッパであったものが、その価値に動揺をきたしたということが重要な契機になったと思いますね。つまり、第一次大戦の末期に、シュペングラーの『西欧の没落』という書物が出て大きな影響を与える。そして、「ヨーロッパとは何ぞや」という問題がその後非常に熱心に論じられるようになった。先ほど申しましたアメリカ人の歴史家のチャールズ・ホーマー・ハスキンズという人が『十二世紀のルネサンス』という本を出しましたのが一九二七年ですから、その前後には、ヨーロッパとは何か、つまり、ヨーロッパの源というものを中世そのものの中に訪ねるという考え方が非常に深くヨーロッパ人の間に行きわたった。これが一つありますね。

しかし、そのときには必ずしもホーマー・ハスキンズのように、十二世紀だけが中心だったのではない。むしろゴシックのほうが、十三世紀のほうが評価としてはもっともっと高いものがあったと私は思うのです。ところが、第二次大戦のあとでもう一度、ヨーロッパというものをさらに深刻に反省しなければならなくなったときに、もっとそれをこえて先まで行ってしまった。そしてシャルルマーニュのアーヘンというところにヨーロッパ統合の基礎というものがおかれるというような、そういった象徴的な意味をまたシャルルマーニュの中心であったアーヘンに求めるという動きが出てくる。と同時に、ギリシア・ローマ的な美とはけっして同じではない。それとは異質的な、しかし、中世に独特なものとしての美がゴシック以前に求められるようになった。それがロマネスクの探究になり、あるいはプレ・ロマネスクの美術への憧れというものになって、今日に至っているというようなことではないかと思いますね。

木村　いわばフランク帝国の再興ですか。それを現代に求めるという気持ちが一方であると思いますね。また今日、私たちがヨーロッパに行った場合に、実際に見る建物とか彫刻はまさにロマネスクやゴシックのものであって、十二世紀はそういう意味ではけっして過去の時代ではなくて、ヨーロッパ人は今でもその世界の中で生きているといえるのではないでしょうか。

堀米　私がとくに強調したいと思い、こういうプログラムを考えましたのも、十二世紀というのがヨーロッパというものがほんとうに自分自身を自覚した時期であったということによります。有名な聖職者であったベルナール・ド・シャルトルという人がおりますけれども、彼の有名な言葉として――これからも何度も引かれるのではないかと思いますが――「われわれは巨人の肩にとまった小人みたいなものだ。われわれは小人なんだけれども、ジャイアントの肩にとまっているために、ジャイアントよりも遠くまでものを見通すことができる。」という言葉があります。

木村　その巨人というのはギリシア・ローマですね。

堀米　ギリシア・ローマの文化です。そしてのっかっている小人というのは十二世紀の人間である。そこに古代の伝統を受け継いで、しかも、新しい文化を築き上げようとした十二世紀人の非常に力強い自覚がある。それは同時に、またヨーロッパ人自身の自覚の表れと私はみたいのです。

木村　おそらくその時代、十二世紀の活力といいますか、ロマネスクとかゴシックとか、学問とか、キリスト教とか、そういうものにみられる活力はたいへん爆発的なものがあった。それに見合うのはむしろ現代の新しい変化しかないのではないか、という気がするのですが、先生はいかがでしょうか。

堀米　それはイギリスの歴史家ジェフリ・バラクロウ氏が、グレゴリウス改革に比較できるのは宗教改革とフランス大革命しかないのだ、といったけれど、しかし、今になってみれば、あなたのいわれるような、現代とのそういう結びつきで考えるということも十分に可能ではないかと思いますね。

木村　それでは、今日はどうもありがとうございました。

II　西欧農耕民の心

木村尚三郎

森のヨーロッパ

ヨーロッパは今日たいへん大きな変革をとげつつありますが、この二十世紀後半の現代の変化を、いわば第二のヨーロッパ、都市の時代のヨーロッパの誕生といたしますと、これに対しまして十二世紀は、まさに本来のヨーロッパが、農村のヨーロッパとして生まれた時代であるということができると思います。この十二世紀に生まれた、さまざまの社会的なまた精神的なエネルギーの発露は、そこでの農業上の新しい変化に支えられているということができると思います。ですから当時のヨーロッパ農業社会がどういうふうにして成立してきたか、またその性格とか意味はどういうものであるか、こういった点についてこれからお話ししてみたいと思います。

まずこの時代の全般的な状況から説明してまいりますと、当時のヨーロッパの先進地帯として考えられますのは、だいたい北西部の地帯であります。フランスにロワール河という大きな川が流れておりまして、この川によってフランスの北と南が分けられるわけでありますが、このロワール河とドイツのライン河との間の地帯が、農業上の先進地帯でありました。今日でも、この地帯は工業上、ＥＣ（現在はＥＵ）の心臓部ともいえる地帯でありますが、ここが十二世紀という時代に、はじめて一つの大きな変化をとげたということがいえるわけであります。

ところで、当時の自然環境は今日とはかなり様子が違っておりました。つまりそのころのヨーロッパは、深い森に覆われておりまして、ところどころに空地があるという状態でした。森は今日でもヨーロッパのあちこちに存在いたしておりますけれども、当時の森はいわば巨大な夜の空間とでもいえるようなものでありまして、ヨーロッパの人にとってはたいへん怖い存在でありました。狼はたくさんおりましたし、それからいったん原生森の中に迷い込みますと出口が

図II-1　森の中の村（Michel Molla; *Genèse médiévale de la France moderne*, Arthaud 1970 より）

わからなくなって飢え死にしてしまう、といったおそれがあったわけであります。しかも今日と違って、森の王国がところどころで空地を許していた、という状態でありました。

ところで同じく森といっても、日本の森とヨーロッパの森とでは、基本的に性格が異なっております。日本の森はご承知のように山地に生えておりまして、そこはふつう人が住むことはできないところであります。少なくとも平野部での灌漑導水による水田耕作が一般化いたしました畿内で十五世紀の半ばないし十六世紀以降、その他の地域で十七世紀以降は、そうであります。ところがヨーロッパの森は、もちろん山地にも生えておりますが、平地にたくさん生えております。でありますから当時の人々は、いつも森に囲まれ、森に接して暮さなければなりませんでした。しかも、森と人間とは同じ土地を奪い合う対立的な関係にありました。つまりその森を切り開きますと、そこがたいへん肥沃な、穀物耕作に適した畑になるのであります。ヨーロッパの森を代表する樹木はナラの木でして、ナラの木のあるところにはまたブナの木も生えております。ところでナラやブナの木は、広い葉をもっており、冬になると葉が落ちますから、これが地表に積もってたいへん豊かな腐植土を形成いたします。したがいまして、その森を開きますと、小麦を作るのにたいへんいい土地ができるということになります。

ヨーロッパの森が平地に生えているということは、例えばフランスの風景画などを見るとよくわかります。つまり川が非常にゆったりと流れておりまして、河原というものがない。地形全体が平地か、なだらかな丘陵地帯のせいですが、したがって森の木も川にすぐつづいて生えており、川にその影を落としている。そこが私たちにエキゾティックな印象を与えるわけであります。日本のように川が急流となって山の上から下に走り流れるという光景は、少なくとも先ほど申し上げたライン・ロワール河の間では珍しいのであります。ですから、ヨーロッパ人の目から見ますと、日本の川は川ではない、滝であるということになります。

ところでこの森は、ヨーロッパ人にとって怖い存在であると同時に、村の人の生活にとっては欠くべからざるものでもありました。薪や蜂蜜をとったり、豚を飼ったりするのに必要だったのです。と申しますのは、かつて肉として人々が主に食べておりましたのは豚とか羊だったからであります。牛肉を主に食

図II-2　豚にナラの実を食べさせる
(ベリー公の時禱書・11月の風景、15世紀初)

べるようになりましたのは、十八世紀に入って牧草の人工栽培が始まり、森を大規模に切り開き、牛をたくさん飼うことができてからのことです。それよりも前は、豚が食肉としてはたいへん大事なもので、そのためにはまた、森のナラの実が豚の餌としてなくてはならないものでありました。だいたい十一月になりますと、豚にナラの実をたくさん食べさせて太らせ〈図Ⅱ－2〉、そして十二月に豚を殺して五か月分ぐらいの長い冬にそなえて食料とするのです。つまり豚を塩漬けにしてベーコンを作ったり、ハムを作ったり、またソーセージを作ったりするわけであります。当時の豚は今と違いまして、たいへん怖い、猪に近い顔をしております。足も長い、牙も生えているというわけで、今日とはだいぶ格好が違います。当時の人々がどれくらい豚を食べたかは地方によっても違いますが、ある史料では一人当たり、一年間に三頭ぐらい豚を食べております。これは小麦ないし穀類が決定的に少ないことからくるわけですが、それでも平均一日に一キロ近くも食べていた勘定になります。

ヨーロッパの森には、キリスト教に追われた異教の神々たちが住んでおりました。ナラの木の芯にはナラの精がおりましたし、こんこんと湧き出る泉の底にも泉の精がいると考えられておりました。ちょっと人が立ち入れない茨《いばら》にも茨の精がおります。つまり、そういった妖精、仙女、小神、小悪魔、人食い鬼、魔女の類が森には住みついておりまして、おそらく十七世紀ないし十八世紀のはじめぐらいまで、森に囲まれていた農村の人々には、親しい存在であったといえると思います。例えばグリム童話も、このような森をぬきにしては成り立ちません。このような異教的・非キリスト教的世界は、農村の人々の心の中に、つまり民話の世界の中に、近代になっても生きつづけてきたということが考えられます。ヨーロッパは、十七世紀ないし十八世紀はじめまで、このような夜の巨大な空間が支配しており、情感の世界が広がっておりました。

農業技術の革新と生産の拡大

このような状況のなかで、しかしながら十二世紀の社会に一つの大きな変化が起こりました。それが集村の成立と都市の形成であります。今日はそのうち、集村について、わが国との対比も含めながらその性格をお話ししてみたいと思います。

集村が典型的に成立してまいりましたのは、先ほど申しましたライン・ロワール河間の地域においてですが、こういった村がどうしてできたかということについては、この当時、農業上の技術革新が一般化するに至った事情が挙げられます。

農業上の技術革新とは何かと申しますと、まず第一に冶金術が進歩しまして、ラインの河口のあたりから次第次第に西へ広がってまいりました。それとともに鉄製の重い犂《すき》でナラの木の下のような、重い湿った、肥沃な土壌を耕すことができるようになったわけであります。それまでは木製の犂を使っておりまして、ポコポコした、軽くやせた土壌の表面をひっかくことしかできませんでした。この新しい犂を存分に活用するためには、まず斧とか鉈で森を切り開かねばなりません。これらの道具もまた冶金術の発達によってこの当時に生まれてきたわけであります。

この冶金術の進歩がもった意味はたいへん大きかったわけでありまして、十二世紀には斧とか鉈とかいった新しい武器を手にして、どんどん開墾運動が起こっております。今日の西フランスもやはり十二世紀に大規模な開墾が行われた地方でありますが、たいへん有名なのは東ドイツの、とくにエルベ河から東の地域での植民運動で、東ドイツ植民運動と呼んでおります。こういった大規模な運動は貴族層によって推進されましたが、それ以外にも、個々の農民がそれぞれ開墾によって自分の農地を増やしております。そういった意味では、十二世紀のヨーロッパ農業社会はまさに社会的エネルギーが爆発的に噴出した時代といってもいい。つまり、人々がはじめて明日に生きる喜び、ないしは望みをもつことができるようになった時代といえるわけであります。

人口もこの時代にはたいへん増えておりまして、だいたいフランスでは三倍程度、ドイツ、イギリスでは二倍程度に増えたのではないかというふうに考えられております。こういった開墾運動や人口増大に社会的活力の発現をもたらしたいちばん大きな原因は、十二世紀の農業技術革新でありました。

〔十二世紀の農業技術革新〕　中心をなしたのは、冶金術の伝播による重量犂の普及であり、土を垂直に切る鉄製の犂刀と、水平にくだく三角錐状の犂べら、それに土くれをひっくり返す揆土板を備えて、肥沃な土壌の深耕がはじめて可能になった。

この重い犂を作動させるため、車輪をつけ家畜に引かせたが、その繋駕法にも、この当時三大発明がなされた。縦列繋駕〈図Ⅱ－5〉、肩掛け索綱、馬の蹄鉄がそれである。すなわちそれまで知られていた古代ローマ式の横列四頭繋駕では、外側左右の家畜が十分に力を出しきれなかったのに対し、横列二頭、縦列二頭ないし四頭の繋駕とし、つまり計四頭ないし八頭を立体的に構成して、畜力の利用度を大きく高めた。

また、それまでの牛に代わり、馬を耕作用に使用し始めるに至ったのもこのころからのことであった。馬はもともと軍事用に使うだけの貴重な動物であったが、後述する三圃農法の進展によって飼料の燕麦が多量に収穫されるようになって飼育頭数が増えたためである。馬は牛よりも力は弱いがスピードがあり同じくこのころ冶金術の発達とともに広まった蹄鉄を使用し縦列繋駕で重量犂を引かせれば、牛の場合よりも畑の犂返し度数を多くすることができ、結果として穀物の収穫高を上昇させることが可能となった。さらに、それまでの首掛け索綱に代わって肩掛け索綱が用いられるようになり、これまた馬の牽引能力を大きく高めた。

以上の繋駕法に関する三大発明とともに、水車の普及、水力の利用も当時の著しい進歩であった。十一世紀末のイギリスでは約三千地点に五千六百二十四の水車があったことが知ら

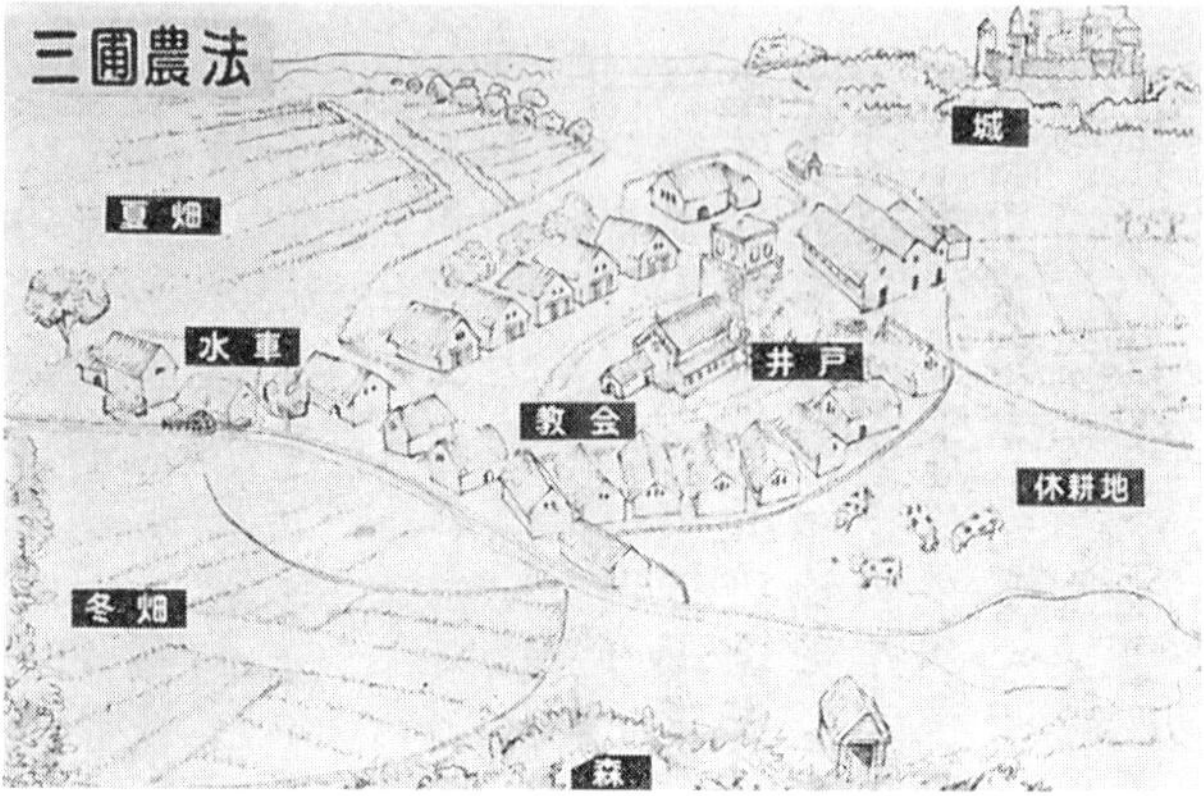

図II-3　三圃農法をとった農村のモデル

図II-4　鉈鎌と斧

図II-5　縦列繋駕（いずれの図も Delort 前掲書より）

れているが、同時代のフランスにはさらにその十倍の数の水車があったろうともいわれる。風車が風まかせなのに対して、水車はコンスタントに働き、しかも風車より力が強かったから、粉ひき、油搾りの主要目的のほか、鍛冶屋が熱い鉄を打ったり、また布をたたいて地を厚くしたり、麻をたたきほぐしたりするのにも利用された。

この水車の普及により、それまでのように石臼を人力で回す必要がなくなった。ここに、当時における奴隷身分の消滅と農奴身分成立の一因を求める見解もある。なお風車は、スペインのイスラム教徒から学んだもので、一千年近くもの間粉ひきに引用された。しかし、ヨーロッパ全土に普及したのではなく、ドーデの『風車小屋便り』に出てくるプロヴァンス地方や、オランダ、イギリスなど、風が強く吹く地方に限定された。

ところで、これらの技術革新のいわば集大成として次第に波及し、十二、三世紀から十九世紀に及んだヨーロッパの代表的な農法が、三圃農法〈図Ⅱ－3〉であった。これはことにライン・ロワール河間に発達し、自分の耕地、他人の耕地の区別なく、一定面積の耕地を冬畑（秋畑）・夏畑（春畑）・休耕地の三つに分け、冬畑には十一月の犂返しののち、ライ麦・良質小麦・スペルト小麦などの冬麦が播種され、夏畑には三月に大麦や燕麦などの春麦が、えんどうとともに播種された。休耕地には家畜が放牧され、休耕と家畜の糞とによって地味の回復・施肥がはかられ、それとともに犂返しが何度か行われた（十三世紀後半以降は一般に三耕）。翌年には冬畑が夏畑、夏畑が休耕地、休耕地が冬畑となり、これを順ぐりに繰り返していく。

これらの技術革新により、穀物の収穫高は、それまでの播種量の三、四倍から、五ないし六倍、さらには八倍に高められ、人口の増大、開墾運動の活発な展開、都市の成立、十字軍、ロマネスク・ゴシック芸術の開花、スコラ哲学その他、当時におけるエネルギーの爆発的解放を惹起することとなった。十二世紀におけるこの社会的活力に匹敵しうるものは、おそらく二十世紀後半の現代社会にしか存在しない。

この農業上の技術革新によりまして、穀物の収穫量は飛躍的に上昇いたしました。十世紀ごろですと、小麦の種を一粒まいても三粒ぐらいしかとれなかったといわれております。でありますから、人々は恒常的に飢餓状態にあったわけです。この十二世紀になりますと、一粒から六粒ないし八粒ぐらいとれるようになった。つまり、収穫量が播種量の六倍から八倍になったということで、十世紀に比べますと、二倍ないし三倍近くに増えているわけであります。六粒とか八粒とかいうと大変にわずかな収穫量でしかないとお思いでしょうが、しかし、その当時の人々にとってみれば大変なことだったわけです。それからあとのことをご参考までに申しますと、十九世紀のはじめでも、一粒から十二、三粒しかとれていない。二十世紀はじめの北フランス、ノルマンディー地方でも、約二十粒くらいのものでありました。つまり、日本の稲作のように手間暇かける仕事はしないわけであります。

だいたい畔道というものがありませんで、畑一面に種をまいてしまいます。ヨーロッパの人が日本の稲作を見ますと、これは農業ではないと申します。では何だ、と聞きますと、これは園芸であるというわけであります。つまり、それほどよく手が入っているということになります。

しかしながら、ともかくもこの三圃農法が一般化したことによりまして、人々がはじめて安心して生きることができるようになったという点は、非常に大事なことであります。

図II-6　働く農民（Delort 前掲書より）

とはいうものの、穀物の絶対量がやはり少ないためにパンだけで生きることはできません。基本的に食べておりましたのは豚とか羊のような肉とか、えんどう、空豆といった豆の類でありました。パンは貴重な食品でありました。今日のフランスでは、バゲットという細長いパンが一般に食べられておりますが、当時は丸いパンが普通でありました。英語で丸いものをボールと申しますが、フランス語ではブール（boule）といいまして、フランス語でパン屋のことをブーランジェ（boulanger）というのは、「丸パン作りの人」という意味であります。

ところでヨーロッパの気候はたいへんに乾燥しておりますから、丸パンも日が経ちますとかちかちになってしまいます。それでも捨てるなどというもったいないことはできず、かといって手ではむしれないものですから、よく鉈でバーンと割ったと申します。日本の鏡餅のようなものです。割ってもなお噛めませんから、これを水とかブドウ酒、あるいはスープに浸して食べた。つまり、パンは水分に浸して食べるというのが昔は当たり前だったわけです。今日でもフランス語でスープと申しますと、牛乳とか日本でいうスープなどの水分に浸したパンをいいますし、または中にパンが入っているスープだけを、スープと申します。つまり、パンは浸して食べる非常に大事なものでありました。

集村の成立——新しい共同体と生活様式

ところで、三圃農法の普及によって穀物生産高が飛躍的に高まったと同時に、もう一つ重大な社会的変化が生じました。それは、村人たちが「村の掟」を作り、共同で冬畑や夏畑を耕し、休耕地に家畜を放牧し、また共同で森や湖沼を利用するようになったことです。つまり、人々は村ぐるみで三圃農園を営み、ここに農業生産の場であると同時に主体でもあるような、組織的な村、集村が形成されたのです。

世界史上、現代の高度都市文明、高度産業社会の歴史的前提といたしまして、村を単位とする高度に組織化された地縁的農業集団が形成されましたのは、ヨーロッパと日本だけです。すなわち、いまお話ししております十二世紀ヨーロッパに成立した三圃制にもとづく集村と、室町後期ことに応仁の乱（一四六七〜七七）ののち急速に進展した、水の共同利用にもとづくわが国の郷村《ごうそん》（惣村《そうそん》）がそれであります。いずれも高度に組織化され発達した農業社会の、基本的な社会単位でありまして、この自治的な農村共同体の出現とともに、ヨーロッパ文化圏・日本文化の地域性と個性がはじめて形づくられたことは、きわめて注目すべき事柄であります。

機械技術文明の世界的普及と生活様式の画一化が進み、政治・経済的な交流が世界的に活発になればなるほど、今日むしろあらわとなりつつありますのが、この大地に根ざした文化の個性であります。ヨーロッパ、北アメリカ、ラテン・アメリカ、アラブ諸国、アフリカなど、世界における政治・経済の単位は、この地域文化圏に合わせて大きく再編成される動きを示しております。

このことは、ドイツの文化哲学者シュペングラーのいう、土から発し土に根ざした文化、その意味では輸出も輸入もできない、いわばデカルト的理性では割りきれない情感の世界が、依然として各地域の産業社会に独自の個性を与えていることを表しております。国際社会を生き抜くにあたって、今日ほどわが国における土の確認、精神風土・文化特性の自覚が、他の地域文化圏との対比において切実に求められているときはありません。

ひとしく高度に組織化され発達した農業社会の上にそれぞれ独特の地域文化圏を形成しましたのは、今申しましたように世界史上ヨーロッパの十二世紀、日本の十五世紀後半だけでありました。そしてそれ以前の時代は、今日のヨーロッパや日本とは原理的に異質・無縁な、古（前）ヨーロッパ、古（前）日本の時代ともいうべき性質をもっております。ヨーロッパの封建貴族、日本の戦国大名にみられますような、地域防衛・地域支配の軍事権力がはじめて出現し、交通の要衝地に堅固な石造りの「平城《ひらじろ》」を建て、ここを中心として平野部農村地帯の一円的・領域的な保護支配をするに至ったのも、それぞれ十二世紀、十五世紀後半のことでありました。それ以前の有力者、例えばフランクの伯や鎌倉武士には、まだ地域防衛の意識も力も弱く、分散的な荘園制に立脚しておりまして、城も木造の、一時的な軍事上の砦、山城《やまじろ》が一般的でありました。農業社会の場合には、土地を外敵から守ることが何よりも大切ですが、村のまとまりが強くなりますと、ふつう封建領主といわれる、土地防衛の任にあたる軍事権力も強化されます。ヨーロッパと日本ほど、一円的でコンパクトな政治権力を発揮しえた封建領主はほかにありません。ただ日本の場合は島国ですし、とくに江戸時代に入りますと内戦がありませんから、これに比べますとヨーロッパのほうが、外敵に対する防衛戦闘的性格は強い。何しろ大陸と地つづきでありますから、いつどこから敵が入ってくるかわかりません。ですから、村人どうしが互いに結束しあって自分の土地を守るという性格が非常に強いわけであります。

今日でもヨーロッパ大陸の村を見ますと、キュッと小さくまとまっているような感じがあります〈図II－7〉。昔は村の周辺に柵がしてありまして、三か所ぐらい入り口があり、夜はピタッと閉められてしまう。つまり、敵兵も盗賊も狼も入れないようにしてしまうわけであります。今では墓地ですら囲いがしてありまして、夜は入れないようになっております。大陸の村に住み、そこで土地を守り合うというのは大変なことだったわけです。二、三十戸程度の村が教会堂を中心に小さくまとまり、その周りに麦畑やブドウ畑が広がり、さらにその周りには未耕地がありまして、最後に森がこれらを取り囲むという三重の構造をとっているのが、中世の村の一般的な姿でありました。

図II-7　小さくまとまるヨーロッパの農村
（ドイツ・ニーダーザクセン、リズム村。Delort 前掲書より）

こういった意味で、ヨーロッパでは農民自身が自分の地域を守るという精神が非常に強いわけですが、これには三圃農法による村人の共同耕作という農業生産の仕組みも大きく関係いたしております。すなわち日本の場合には、水田耕作の必要上、水の共同利用、つまり田に対する灌漑導水を村単位で管理するという点で村の結束は必要でありますが、しかし、耕作は個々の家単位でなされております。したがいまして、家と村という二重の構造の中で農村生活が営まれてまいりまして、人々の心をまとめるために、家には家神としての仏壇があり、また村には村の鎮守様がいるわけであります。これに対しヨーロッパの場合には、古代ローマを別として家神に相当するものは存在いたしておりません。これに対しカトリック教会は、いわゆる地域宗教としての役割をはたしており、村の教会堂は人々の心を結束せしめる施設として、たいへん大きな意味をもっていました。その意味では、ヨーロッパの村のほうが日本よりもはるかに単純な構成をとっている。そしてそれだけに、世界一の高度な地縁的組織性をもっていたといえます。

「戦う人」と城の役割

この当時は、ご承知のように貴族ないし領主がたいへん大きな力を振るった時代でありました。なぜかといいますと、「戦う」という特殊技術、特殊技能が、その当時は「祈る」ということと同時に、社会的にたいへん重要な意味をもっていたということからくるわけであります。戦うという本能は、人間だれしも、また古代から現代までいつでもありますし、軍隊もつねに存在いたしておりますが、農業社会では特別な意味をもっておりました。人間集団が小さな村ごとに分断されている社会のことですから、村の中のことは村人どうしの自治、話し合いでやっていけますし、とくに行政官とか警察官とかは必要ありません。しかしながら、村ないし地域を守る軍隊とその司令官の役割は、むしろきわめて重大なものとなってまいります。村が組織的なまとまりをもつようになれば、これを防衛する体制もつねに整えておかねばならない。こうして村を全体的に守ってくれる特殊な技術の持ち主、つまり「戦う人」が、農業社会では最も高く評価されました。この軍隊の司令官が、封建領主、封建貴族であります。ヨーロッパ社会は十二世紀から今日まで、ある意味でずうっとこの軍隊的性格、つまり一つの中心のもとに軍隊的にまとまるという性格をもちつづけております。つまり、司令官を中心とした一中心的な構成原理となっております。

そういった意味で、村と城というものはいわば、ワンセットの関係になっておりまして、城からあたりを見まわしますと、いくつかの村全体が眼下に捉えられる。そういった、交通の便のよい小高い丘の上に城が立っておりまして、この城という軍事的な施設があってはじめて村が村として成り立っていたといえます。例えば敵軍が村に攻め込んできて村荒しをする場合には、領主、つまり城主は城門を開いて農民を中に入れてやります。農民のための、農民あっての領主だからです。領主というと、何か苛斂《かれん》誅求《ちゅうきゅう》だけやっている存在のようにふつうは考えられておりますが、しかし、領主権が、地域防衛という社会の

図II-8　ベリー公の時禱書＜農民の生活＞春(3月)

図II-9　ベリー公の時禱書＜農民の生活＞・夏（7月）

図II-10　ベリー公の時禱書＜農民の生活＞秋（10月）

図II-11　ベリー公の時禱書＜農民の生活＞冬（2月）

要請によってはじめて成り立っているといたしますと、農民をいたずらに搾取するということはできないわけであります。ヨーロッパの封建領主は、例えば実戦同様の野試合――トーナメントといいます――で農民の畑を荒らした場合には、あとで補償までいたしております。この点日本の場合には、少なくとも江戸時代になりますと内戦がなく、武士は軍事力ないし武器をもった行政官の性格が強くなり、その分だけ苛斂誅求の印象も強くなったといえます。

図II-12　パリ近郊のウーダン城（撮影・木村尚三郎）

ところでヨーロッパの石城でありますが、フランスのロワール河の流域は、これが最も発達した地域でして、今日でも十一、二世紀の古城が廃墟同然の形で残っております。最初の形は四角な細長い塔でありまして、周りを濠で囲んでおります。だいたい二階あたりに公式のレセプションを行う場所がありまして、三階から上に領主、および家族の部屋があり、一階は旅芸人、旅人などが泊るところ、地下に牢屋とか穀物倉やブドウ酒置場などがありました。塔の形は最初は四角でありましたが、時が経つにつれだんだんと円形に変わっていきます〈図Ⅱ-12〉。日本の城と比べまして武骨な感じが強く、優美さはありませんが、それだけに実戦用の重厚な感じがよく出ております。

この城を中心としまして数か村が一人の領主の一円的な支配の下におかれております。城主は封建領主の典型でありまして、わが国の戦国大名と同じような性格をもっており、いわば土地に根ざした政治権力、土地防衛の任にあたった農業社会の政治権力ということができる。その意味で、今日の国家権力のはしりともいえますが、あくまでも地方的な、また人格化された政治権力という点では今日と違います。領主は領内の農民に賦役や年貢を要求いたしましたが、それらは原則として村の防衛、維持のために必要な公的な費用を領民に負担させたものでありまして、今日の租税のはしりであるということがいえます。つまり、城を直したり、橋をかけたり、道路を直したりする公共土木事業に農民を使ったり、また城主とその家族および将兵と軍馬のために穀物、食肉その他の年貢を出させたわけであります。日本とヨーロッパは本来非常に違った文化圏を形成しているはずですが、この点で同じように非常に組織化された農業社会、農村をもち、それとともにこのように一円性をもった、今日の国家権力の卵みたいなものを生み出しております。この点で両者はたいへんよく似ており、世界史上ほかに例をみません。興味深いことだと思います。ヨーロッパ文化圏の基礎には、以上のような性格の農業社会があり、今なお大きな意味をもっているという点をご理解いただけたら幸いです。

■対　談（Ⅱ）

堀米庸三
木村尚三郎

堀米　ただ今は木村さんから、十二世紀の「革新の時代」といわれる時代の原動力になる農業、ないし農村の発達ということについてお話を伺いました。いろいろな図柄などを使いましておもしろく伺ったのですが、同時に日本との比較などに言及されまして、日本とヨーロッパの、ある意味ではまったく地球の反対側にあるような国でありながら、たいへん似た共通点もあるという興味のある指摘がありました。こういったことにつきまして、木村さんのいい残されたことや、またもっと具体的に考えてみなければならないと思われる点もいろいろあると思いますので、これからもう少し問題を深めていってみたいと思います。

国民性と文化の相違

木村　はじめに二つばかり申し上げたいのですが、私たちがヨーロッパ人に接しておりまして非常に奇異に思いますのは、彼らは一方では非常に素朴なんですね。親切でまたうそをつかない。たいへんフランクなところがあるのですが、他方では徹底的な自己主張をいたします。例えば昨日まで仲よく暮らしていたのが、店子である日本人が家賃を払ったというのに、家主であるフランス人は受け取っていないという場合には、昨日まで親しくしていてもとたんに態度が一変いたしまして、うそつきとか、泥棒とかいい出します。そうすると日本人のほうは、昨日までのにこやかな関係はうそだったのか、というふうに非常にショックを受けるわけです。

ああいった非常にフランクなところと自己主張とは、どう結びつくのか。日本でそういう人がいたとすればだれだろうかと考えてみたのですが、木こりがそうではないかという気がいたしますね。木こりは非常に人がよくて、同時にけんかを徹底的にするといいます。日本の農民がもし農民だとすれば、ヨーロッパの農民は木こりではないか。つまり、日本と比べてヨーロッパの耕地面積は非常に大きく、中世で三〇ヘクタールあったといいますから、日本の約十倍の面積が必要とされたわけです。また森が村をとり囲んで、いつも人のすぐそばにありますから、互いに大きな声を出さないと生活ができない。それに、地つづきのため、いつも自己防衛的に生きている。そんなところから、素朴で親切でフランクでありながら、いざ自分の利益が損なわれようとすると、猛然と戦闘の姿勢をとる。こうした両方の面が出てくるのではないかと思います。

それからもう一つ、ヨーロッパは有畜農業であって、家畜によって耕作をしておりますね。日本はその点、家畜を知らないで自分の手に鋤や鍬を持って耕していたわけです。つまり、動物を使って耕作させる文化と、自分で耕作する文化とは本来、非常に大きな違いがあると思うのです。

つまり、家畜や人を使いこなすような文化は、やはりヨーロッパ人のものです。日本は今でも職場などでみられるようにむしろ使う人のほうが使われる人よりも気苦労が多くて、いつも気を遣っているわけですね。ああいう伝統は無畜農業からきているのではないかと思いますし、それだけにかえって機械ならばいちいち相手の気持ちを考えなくても勝手に動きますから使いやすい状況がある。

そこのところが、機械を発達させた国民と、機械は使うけれども、しかし、自分で生み出さなかった国民との大きな違いがあるのではないかという気がいたしております。

地形と気候の相違

堀米　日本とヨーロッパを比較してみますと、だいたい一戸当りの耕作の面積が大変な違いですね。ですから、例えば先ほどお話がありましたように、十二世紀に農業の集約度が高くなったと申しましても、なおかつ日本の十分の一ぐらいしかない、というようなことですね。そういったことが基本的に頭の中に入っていないと、日本の社会あるいは日本の農村を基礎にした日本の社会というものと西洋の社会との違いがわからないということは、だれでも念頭においておかなければならない点ではないかと思うのです。

ですから、例えば今は飛行機で旅行いたしますから、空の上からだいたいの展望をつかむことができますね。昔の人はそういうことを知らないわけですよ。われわれの先生たちは汽車か船でしか旅行していませんから、ヨーロッパを空から眺めるということはなかった。ですから、ヨーロッパの森林の景観とか、あるいは農村の景観とか、そういうものを一望のもとにするということは、絵あるいは図面以外にわからなかったわけですね。それが今はだれでもそれができる。ですから、そういうことを少しでも念頭におけば、ヨーロッパの旅は、昔からみればはるかに視野広く、詳しいいい点をつかむことができるという面もあるんですね。

木村　今でもヨーロッパの農村を見ますと、どこにいったい人がいるのか、地上ではなかなかわからないですね。それだけ非常に広いわけですね。

堀米　日本の山岳地帯を全部平らにしたみたいな感じですね。ヨーロッパが全部平らなわけではないけれども、とにかく全部ゆるやかな傾斜でしょう。

木村　そうですね。地図で見ますと、山岳地帯は茶色に塗ってあって、たいへん険しいところみたいですけれども、行って見ますとなだらかな丘陵地帯ですね。

堀米　ほんとうに険しいのはアルプスとピレネーぐらいなものですからね。あとは山といっても、どこでも越せないところはないようななだらかな丘陵地帯ですからね。

木村　以前フランス人が私を南フランスのヴェルドン渓谷というところへ連れていってくれました。非常に険しい、日本のような峨峨たる山がありまして、下のほうに谷川が流れているんですね。どうだ珍しいだろう、と彼はいうのですが、日本人にはそれほど珍しくない。珍しい自然の景観が全然違うわけですね。

堀米　ヨーロッパの渓谷地帯は日本の渓谷とはまた違う点があっておもしろいですが、しかし、日本にはそういうのはいくらでもありますからね。ですから、われわれにとってむしろ珍しいのは、先ほどのお話に出てきたような広大な平地森のほうだと思いますね。

木村　そうですね。それに北欧ではモミの木やハリモミなどの木があるし、南欧では松が生えていていずれも常緑樹ですから、西ヨーロッパとは違って腐植土ができにくく、穀物耕作にはあまり適さないんですね。それと、気候の関係もあって、北は寒いし南は乾燥しすぎるということがあります。

堀米　地中海地帯でも、落葉樹はないわけではありませんが、木の葉というのはたいへん大事なんですね。そのために木の葉をいったいだれが自分の肥料にしていいかということで厳重な定めがある。古典ギリシアですと、落ち葉というものは村の共同体が管理しているんですね。勝手にそれを処分できない。それほど重要な意味をもっているわけです。それがヨーロッパの北になれば、先ほどのお話のように重要な腐植土のもとになるわけですね。

木村　ただ地中海地方では、落葉樹の持っている意味が西ヨーロッパと比べれば……。

堀米　大変な違いです。第一気候も違いますし、それから川の沖積平野というものの存在の仕方もまるで違いますから、それは先ほどの犂でなければ耕せない。地中海一帯というのは、全部ああいう大きな重い犂ではなくて十字に耕す軽い犂ですね。土をひっくり返すという作用のない犂しか使わないというようなことでたいへん違います。

もう一つはとにかくヨーロッパの耕地はかなり広い、日本からみれば非常に広い。そういうところですから、そこには牛とか馬とか、とくに牛ですね。そういったものをたくさん使わなければ実際は耕作できないという面があって、そこで日本などの場合と肥料の関係なども違ってくるんですね。米というのは非常に集約的な農作物ですから、したがって、またたくさん人を養うことができる。そこで人間の人糞が肥料としてたいへん有用な役割をなすわけですけれども、西欧の場合には、人間はとにかく土地の面積に対して非常に少ししかいない。麦の収穫量からいいましても、大勢が住むことはできない。そういうところから人糞というのはそんなにたくさん集まらない。都市でさえも農業に利用しないという結果になっているわけですね。だから、そういう点では、日本の農業とヨーロッパの農業はたいへんに違っている。

木村　結局、家畜が草を食みながら糞をしていくわけで、小麦をとる場合も、麦の穂の先だけ刈っているんですね。あとは残しておきまして、家畜が食むのにまかせておいて、それで同時に糞によって肥料ができる。だから、春の最初の仕事は、結局、まずそういった食い残しのわらを根っこごと抜いて開墾することですね。ここからまず一年の農作業が始まるわけです。その点、日本と違って、草が家畜を養ううえでもっていた意味はたいへん大きかったし、非常に貴重なものだったということでしょうね。

堀米　このごろは日本の農業はだいぶ性質が変わって、そのためにわらは焼く以外に方法はないみたいな奇妙な農業になっています。あれはいずれにせよ、日本でも反省されるような時期にそろそろ到達しているのだろうと思うのです。やはりわらとか堆肥などは、昔ながらに利用する農法が、本来の意味で土地というもの、地味というものを保存するゆえんですからね。

貴族の精神と戦闘性

堀米　それはそれとして、もう一つ例の西洋と日本との違いと類似点についてはたいへん興味深いと思うのですが、とにかく日本と西洋との封建制度の時代は非常に共通した面がある。ところが、その共通した面の前後にはたいへん違う時代がきている。そして、その共通した面はだいたい日本でいえば平安時代の終わりから徳川時代までの時代なんですね。その間しかほんとうの意味での共通したおもしろい面がみられない。集約的なおもしろさのみえる時期は、先ほどおっしゃった十五世紀の室町から徳川にかけての時期なんですね。その時期にだけ日本人はお互いに戦う。そういう時期だったわけですね。そのほかに日本は外からも攻められないし、外にも攻めていかない。ほんとうにまれに一、二の例外はありますが。ヨーロッパの場合にはしょっちゅう外から攻められている。

そういうことから日本の場合は、例えば武士というものも徳川時代になりますと行政官になるでしょう。徳川時代もしょっちゅう練磨はしていますが、実際上は武芸はそんなに意味をもたなくなってきている。にもかかわらずそれを三百年間維持しなければならなかった、というところに徳川時代の身分制度というものの非常な無理があったわけです。ヨーロッパの場合ですと、本当に武士が役に立たなくなるのは中世の終わりです。それにいたしましても、まだそれぞれ相互に国は接して、お互いに戦争がある。したがって、武人のもつ役割も大きい。したがって、貴族の制度の役割もそれだけ大きい。その点からいえば、日本の武士身分は非常に無理してつづいてきた。だから明治になって新しい貴族制度を作りましても、これはほんとうの意味をもたない。

ところが、ヨーロッパの場合は、中世の末期に騎士身分は意味をほとんどもたなくなってきたにもかかわらず、貴族制度というものが近代を通じてずうっとあるわけですね。そしてイギリスでは現在でもなお貴族というものを保っていて、しかもなおかつ彼らが社会的な一つの責務というものを考えながら自分たちのそういった責任を全うしているという面もまだある。ということは、日本とヨーロッパというものの大変な状況の違いですね。そういうことに帰着するところが非常に多い。

木村　近代の貴族は実際はブルジョアだとよく教科書に書いてあって、そのとおりなんですけれども、しかし、もう少しいいますと、貴族の生活と意識が中世からある意味では現在までつづいておりますね。近世の場合には、その当時の社会的有力者だったブルジョアが貴族の担い手となったのだ、というういい方をするべきなんですね。貴族の実態がブルジョアだというういい方は、逆だと思うのです。貴族的精神の形式がずうっとつづいていて、それだけ戦闘的な軍事的体制が、社会構成原理の基本になっていると思いますね。

堀米　それは日本と西洋との大変な違いで、その点をわれわれ西洋の歴史をやっている人間も、ようやく最近になってはじめて理解してきたのではないかという気がするんです。これまでの歴史家はそういうふうなことについてあまりにも反省がなさすぎた。むしろ日本と西洋との共通性などだけに心を奪われていて、それの基本的にもつ異質性といいますか、そういうものを知りもせず気がつきもせずに過ぎたという面があるのではないかと思いますね。

木村　日本の場合、十五世紀半ば以降にそういった村ができたといっても、それは畿内の話で、関東平野とか越後平野とかでは、十七世紀に水田が一般化したようです。それまでは、山際の土地だけが水田として利用されていたんですね。だから人々は、その当時まで山のそばに接して生きていたわけで、つまり、「山の人」的な、それ以後今日にまで至る「野の人」とは違った性格があったのではないかという気がいたします。

堀米　そういうメンタリティがたいへん違う点、これは今後この講義のなかでもまた出てきて論じられる点ではないかと思われますね。

Ⅲ　都市民の心――自由の精神　木村尚三郎

ヨーロッパの都市の原型

前回、ヨーロッパ農村社会の成立が、十二世紀に出発点をおいているというお話をいたしました。この十二世紀は同時に都市の形成の時代でもあったわけであります。今日、私たちが見ておりますす農村や都市の原型は、すべてこの時代にでき上がっているといってもいいのでありまして、また今日、少なくともヨーロッパの大陸にある都市の大半は、十二世紀に起源をもっております。なぜこの十二世紀に都市と農村が車の両輪のごとく出てきたのでしょうか。この問題を少し考えてみたいと思います。

農村というものがいったん成立いたしますと、都市はいわばその神経細胞の役割をはたしたということがいえると思います。と申しますのは、農村が農村として成り立つためには、塩であるとか、鉄であるとか、ないしは染料であるとか、農村が存続していくために必要不可欠な物資を、いつも恒常的にどこかから運んでこなければなりません。したがいまして、村ができますと、その村を生かすための商品流通のルートが開かれなければならないわけであります。

図III-1　中部フランスのシノンの城と都市（撮影・木村尚三郎）

ヨーロッパの少し詳しい地図を広げてみるとわかることでありますが、農村地帯のところどころに、都市と城が配置されております。とくに西フランスで特徴的なのですが、都市と都市との距離が三〇キロないし四〇キロというふうになっております。都市のあるところは当然に交通の要衝地でありますが、それは同時に城がおかれているところでもあります。この都市と城を中心にいたしまして、半径一五キロないし二〇キロといった範囲で一つの大きな生活圏が築かれたというふうに考えていいと思います。つまり、その中にいくつかの村が入っており、その村人たちはいざというときに敵兵に荒らされて城に逃げ込まねばなりませんし、それからまた週に一度であるとか、ないしは月に一ぺんといったような機会に都市へまいりまして、そこで農産物と都市の商品とを交換せねばなりません。そういった意味で、都市と城がないと、村は村として成り立ちません。一五キロ、二〇キロという距離は、当時としてはたいへん遠い距離でありまして、やっと一日で往復できる範囲というにとどまりますが、ともかくもこの城と都市ができてはじめて、村は村として成り立ったということがいえると思います。逆にいいますと、都市をもたない純粋の農業社会というものはない、たとえあったといたしましてもそこにはまだ農村らしい農村は生まれていないといえると思います。

いうまでもなく今日でも都市と農村があるわけでありますが、この時代と現代との違いを考えてみますと、現代はむしろ都市が中心になっておりまして、農村が都市に奉仕している格好をとっているのに対して、この時代は都市が農村のサーヴィスセンターとなり、農村に奉仕しているというふうにいえると思います。この点は非常に大きな違いでありまして、近代の場合も、どちらかといいますと、やはり都市の原理よりも農村の原理のほうが勝っていたということがいえます。と申しますのは、ヨーロッパ近代国民国家のあり方を考えてみますと、国境という一つの大きな枠の中で、言葉、法、風俗習慣などのさまざまな地方差を無視して、一つの言語・一つの法というものが、十九世紀にむりやり強制されており、この点では村の原理と同じであります。近代のブルジョアジーは、自らを閉鎖的に国境で限り、いわば農村的な土の原理を使いながらその力を涵養していったということがいえると思います。

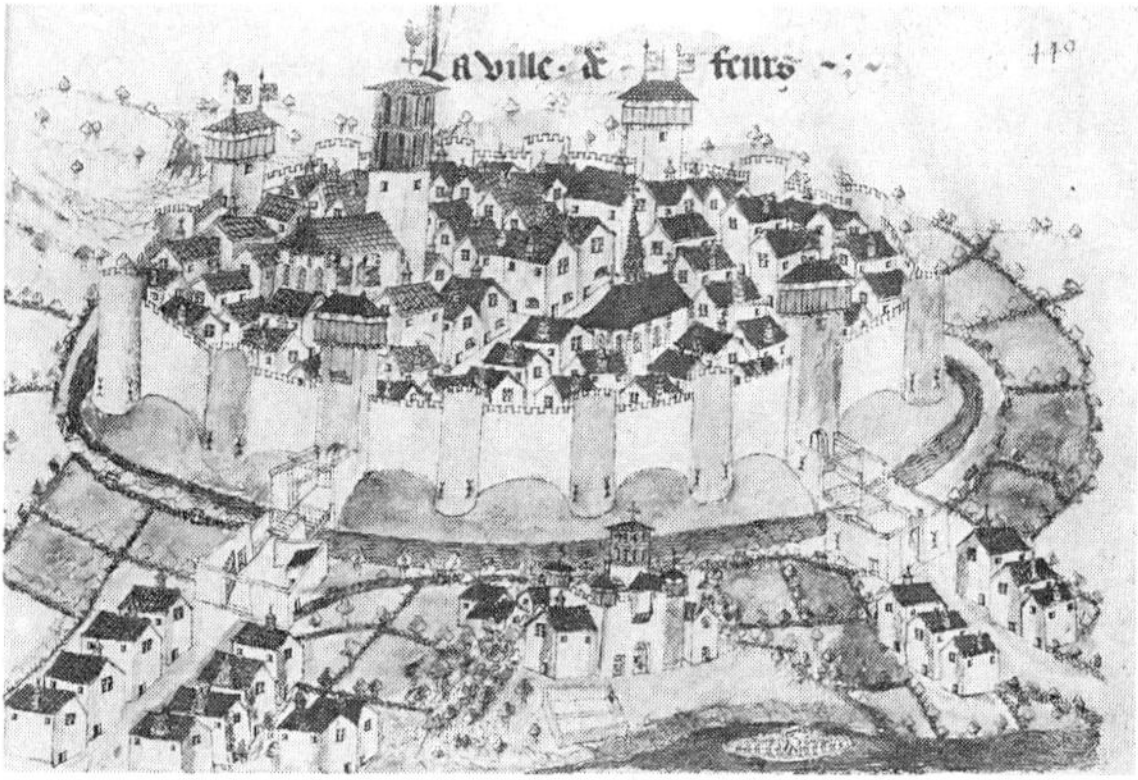

図Ⅲ-2　南フランスの中世都市フール（Delort 前掲書より）

ところで、ヨーロッパの都市をわが国の都市と対比して考えてみますと、たいへんおもしろいことに、都市の部分と農村の部分がはっきり分かれております。つまり、都市はまさに城壁で囲まれた区域の中だけでありまして、それ以外の地域は農村部であります。この都市と農村が対立的に存在しているということは、いわばヨーロッパの精神風土の一つの特徴をなしているともいえるわけでありまして、対立し、お互いに相容れない要素をもちながら、しかし、にもかかわらずお互いが相手を必要としている。つまり、対立し合いながらしかも共存しているというわけであります。光と影であるとか、ないしは戦争と平和であるとか、愛と憎しみであるとか、つまり、そういった二つのまったく相対立する概念がお互いに、一方では抗《あらが》いながら、他方で共存し合っている。これがヨーロッパの精神風土の特徴でありまして、空気が非常に透明であり、光と影の部分が非常にはっきりしている自然風土のあり方と相通ずる面があろうかと思います。

さて、都市とは何かということを改まって考えていくとたいへんむずかしい問題になりますが、ここではさしあたり次のように規定してみたいと思います。つまり、それは農村とは違って、大地の束縛から可能なかぎり離れようとする人々の集団であり、その集団を入れる容器である。こういうふうにいっていいかと思います。実際にギリシア・ローマ以来今日まで都市の形態はいろいろありまして、一つにそれを括るというのはなかなかむずかしいことですが、いずれも今申しましたように、人々が大地の束縛から可能なかぎり離れようとしている。こういった理念を合わせもっているという点では共通していると思います。ただ、ギリシア・ローマの都市と、中世以降ないし現代までの都市はたいへん大きな違いがあります。

と申しますのは、ギリシア・ローマの場合、今日私たちが考えるような、商品生産と商品交換の拠点といった経済的な意味があまりありません。つまりそこでは、市民の家の中で奴隷が日用品・生活必需品の生産をいたしておりますから、市民の間には、今日の私たちのような、活発かつ密接な経済関係は存在いたしておりません。もちろん奴隷の売買であるとか、武器、大型家具や奢侈品《しゃしひん》など、家の中で生産できないものは売買されましたが、しかし、日用品・生活必需品につきましてはそうではありません。ギリシア・ローマの都市は、市民が互いに政治上の、ないし軍事上の結束をした「市民団」を本質としているといえると思います。

中世以降今日までの都市とは、その点が非常に違うわけです。私たちが知っている都市は、まさに日用品・生活必需品をそこで生産し、交換し、売買する拠点であるということがいえます。この意味での都市が、ヨーロッパではこの十二世紀ごろに誕生し、そして今日までつづいているわけです。ただ二十世紀後半の現代になりますと、必ずしも都市においては物を生産したり、交換売買することが中心であるわけではありません。今日の最先端の都市はいわば情報都市という性格をもっておりまして、知識とか技術といった見えないものの生産、収集、加工、供給にあたっているといえると思います。

「市民」という言葉と理念

ところで、ここで「市民」という言葉の使い方について、ちょっと申し上げてみたいと思います。フランス語では、市民という言葉に二通りありまして、私たち日本人はそのどちらをも「市民」と訳しているわけですが、一つは「ブルジョア」(bourgeois) という言葉で、もう一つが「シトワイヤン」(citoyen) という言葉であります。このブルジョアとシトワイヤンはどう違うかと申しますと、ブルジョアというのは元来ブルク (Burg) という城とか集落を意味する言葉から出ておりまして、城の民といいますか、城壁で囲まれた都市の中に住む人々、つまり商工業者を指したわけであります。私たちが知っている市民、都市居住民にあたる言葉がこのブルジョアであります。またここから、都市民の代表である商業資本家や産業資本家を、のちにブルジョアというようになったわけであります。

　これに対してシトワイヤンという言葉のほうはまるで性格が違いまして、都市の中に住んでいるか外に住んでいるか、ないしは職業が商工業者であるか農民であるかということは関係がない。そうではなくて、共通の公共理念、政治理念を分かちもつ人々、これをシトワイヤンと申すわけであります。ふつう都市国家と訳されますギリシア語のポリス（polis）とか、ラテン語のキウィタス（civitas）とかは、先ほど申しましたように一つの政治的、軍事的な市民団を指しますが、このような政治共同体の主体的な構成員がシトワイヤンであります。職業は商人であれ、手工業者であれ、農民であれかまいません。

　このブルジョアとシトワイヤンの二つをはっきり区別したのは、ジャン・ジャック・ルソーでした。彼の『社会契約論』には、都市《ヴィル》（ville）は家《メゾン》（maison）から成っているが、「シテ」（cité）はシトワイヤンから成っている、と書かれています。「シテ」と申しますのは、ポリスとかキウィタスに相当するフランス語でありまして、具体的な都市とか都市居住民に対し、シテとかシトワイヤンが理念的な言葉であることを、はっきりいい表しております。

一七八九年八月二十六日、フランス革命のさなかに国民議会が発した「人間と市民の諸権利に関する宣言」は、近代市民社会理念を高く掲げたものとして名高いものですが、このタイトルに使用されている「市民」は、シトワイヤンであってブルジョアではありません。すなわちそれは、都市民・農民の別なく「現実の封建的諸制約から自由な、共通の新しい価値意識、政治理念を主体的に共有する人々すべて」を対象としております。具体的にそれは、フランス国民そのものを指しておりました。理念をもたぬ現実肯定主義を特性とする日本の場合、「ブルジョワ」は存在しても「シトワイヤン」は本来的に欠如していたといえると思います。

城壁に囲まれた中世都市

ところで、実際のヨーロッパの都市を具体的に眺めてみたいと思いますが、先ほどから申し上げておりますように、ヨーロッパの都市はいずれも城壁で囲まれております。しかも、たいへんに小さい。この点が私たちの常識と違う点であります。例えば南フランスのエーグ・モルトは十三世紀に聖ルイ王が（ルイ九世、在位一二二六〜七〇）十字軍に船出をするために作った都市であります。長方形の形をした厚いみごとな城壁が今もそのまま残っておりまして、今日でもこの城壁の中だけが都市で、外側には芦が生えているだけでありります。ところどころに城門がありますが、この城門は昔、夜になりますとぴたりと閉

図Ⅲ-3　南フランスの城壁都市カルカソンヌ（撮影・木村尚三郎）

められてしまいました。しかし現在はそういうことはありません。そういった城壁の中に、都市民が生きていたわけであります。

同じ南フランスには、カルカソンヌというたいへん大きな城壁都市が現存しております〈図Ⅲ－3〉。大半は十二、三世紀のものですが、一部、紀元前一世紀のガロ・ローマ時代のものや、五世紀の西ゴートのものも含まれています。城壁が二重になっておりまして、その中に中心部分の本城がありますから、ある意味では、部分的には城壁は三重ともいえないわけではありません。カルカソンヌの場合、今日では城壁外にも都市がありますが、しかし、もとはここにも城壁があったのでして、中世では城壁をもたぬ都市は存在しませんでした。市城壁の外は、封建貴族が守り、支配する農村であり、都市とははっきり区別されておりました。

こういう都市は非常に堅固な姿をとっているわけでありますが、同時にまたたいへん小さいという点が特徴的であります。今日のパリですら半径五キロないし六キロしかありません。中世の十二世紀末、十三世紀はじめ、国王フィリップ二世のころは半径一キロ程度のたいへん小さなものでありました。

パリは十二世紀末から十九世紀半ばまで少しずつ城壁を広げてまいりまして、以前の城壁を取り壊した跡をブールヴァール（boulevard）、つまり並木大通りにしてきました。これはパリに限りませんで、どこの都市でもみられるところですが、ふつう城壁はだいたい十五、六世紀以降、パリを別にしまして、崩れるにまかされました。ないしは積極的に取り壊されて、絶対王政支配下の「開かれた都市」に変えられました。しかしそれでも都市部と農村部の区別は、今日までつけられており、並木大通り《ブールヴァール》が両者の境界線になっています。並木にはポプラやプラタナスがよく用いられますが、ついでに申しますと、この二つは、もともと原生林としてヨーロッパに生えていた証拠はありません。人々が一本一本手で植えていったものだといわれております。つまり、ポプラとかプラタナスの並木は、ヨーロッパ都市文明の発達そのものを示しているというわけです。

今日、私たちが見る事実上のパリ都市圏は、半径が二〇キロに広がっております。と同時に人口も八百二十万と増えておりますが、厳密にいう行政区画上のパリは、半径五、六キロでありまして、人口は二百六十万であります。

パリはもともとセーヌ河の北側を中心に発展しまして、南側は十八世紀後半までそれほど発展いたしておりません。北がいわゆる商業・経済の中心であるのに対しまして、南は学問・文化の中心であります。カルチエ・ラタン、ソルボンヌ大学などは南側にあります。北側がなぜ発展したかといいますと、はじめ国王フィリップ二世（在位一一八〇～一二二三）がユダヤ人をセーヌ河の北に固めたため、ここが経済の中心になったわけであります。セーヌ河に浮かぶ中の島、シテ島それ自体は、もとケルト人の集落があったところでありまして、ルテチアといっておりましたが、しかし、ここには今日集落の跡は残っておりません。

ところでこのように、パリは中世で半径一キロ、現在でも五、六キロというふうにたいへん小さなものでありますが、人口からしますと反対に非常に多く、フィリップ二世時代、すでに十万近くの人がいたといわれます。中世ヨーロッパでは、フィレンツェ、パリ、ヴェネツィア、パレルモなどの大都市に十万、ないしそれ以上の人間が住んでおりました。ロンドンは十四世紀でも四万人程度であります。江戸の人口は約百万あったといわれますし、古代のローマとかアレキサンドリアにやはり百万程度の人がいたということと比べますと、中世ヨーロッパの都市人口はたいへん小さいわけであります。先ほど挙げたいくつかの都市以外は、大陸諸都市はだいたい五千人から二万人程度しかいない。イギリスにな

図III-4（上） 17～18世紀初頭のパリ
（*The illustrated History of Paris and Parisians*, Doubleday and company, 1958より）
図III-5（下右） 12世紀以降のパリの発展図
図III-6（下左） フィリップ二世時代のパリの城壁
（撮影・木村尚三郎）

りますと五千人以下がふつうであったといわれております。

こういうふうに人口数は少ないのですが、人口密度からいいますとたいへん高いものがあります。パリは都市半径が一キロ、しかも、人口は十万近かったとしますと、一平方キロ当たり三万人ということになります。現代の東京は、二十三区内でもだいたい一平方キロ当たり一万五千ないし一万六千人程度でありますから、今の東京の二倍ぐらいの人口密度があったということがいえます。これは何も中世だけの話ではありませんで、今日のパリもやはり一平方キロ当たり三万人の人口があります。フランスの国土面積は日本の約二倍もあり、しかも大半が平地かなだらかな丘陵地ですから、居住可能面積は日本よりも圧倒的に広大なわけですが、それでも都市は今日の日本より小さく、狭いところにたくさんの人が住んでおります。その意味を考えることは、都市とは何かを考えることでもあり、大事なことだと思います。

ただ、中世ヨーロッパの都市は、今日と違いまして木造の家屋がたいへん多く、しかも高さの制限がなされております。これは木造家屋でありますから、あまり高くいたしますと崩れる危険があるということであります。それぞれの都市で、高さの制限を設けております。最初からある意味での都市計画を行っていたということがいえるかもしれません。例えばパリでは一八メートル以上は高く建ててはいけない。ヴェネツィアですと二一メートルが限度であります。スペインのトレドでは二二・五メートル、イタリアのフィレンツエでは三〇メートル、またアムステルダムでは市庁舎の三階までというふうに決められておりました。城壁都市の面積は狭く、しかも三階建ぐらいの家が多いとなりますと、当然敷地難でありますから、都市の中はぎゅうぎゅう詰めということになります。したがいまして、道はたいへん狭くて曲りくねっております。例えばフランスの東部にあるトロワという町は、十二、三世紀にシャンパーニュの大市という国際的な市《いち》が開かれた四つの都市の一つでありましたが、ここに行ってみますと、「猫の小路」といわれる中世のたいへん細い道が残っております。道の両側には、十六、七世紀ごろの木造の家が建っておりますが、敷地難の関係で、二階、三階に行きますと西側から木造の家が道にせり出してまいりまして、くっついてしまう。ちょうど寄りかかって互いに共存、共栄で暮しているような感じであります。したがって、中世の道は屋根のかかったアーケードのようなもので、暗くて狭かった。と同時にたいへん不潔でした。パリのシテ島付近とか、

図III-7　中部フランスの都市シノンのグラン・カロワ（大四辻、撮影・木村尚三郎）

フランス中部のシノンの町の中心、グラン・カロワ（大四辻）〈図Ⅲ－7〉そのほか、今日でもこういった中世都市の一画が、いわば都市のヘソのような形で残っております。

都市生活の実態

このように中世都市は、たいへん汚いうえに家畜がうろうろしており、羊とか犬とか豚などが歩いておりました。豚は、中世都市における唯一の清掃人でありまして、ゴミ捨て場がないために人々が台所から出た厨介《ちゅうかい》を道路へ投げ捨てますと、これを豚がさらうわけでありますす。ところで豚は、いったん食べだしますと根が生えたように動かなくなってしまう性質があるようです。一一三一年にフランス国王ルイ六世の長男のフィリップが、セーヌ河の南のサン・ジャック通りを馬で歩いておりましたとき、その馬の足にこの根が生えた豚がからまって馬がよろけた。そのひょうしにフィリップは馬から落ちて首の骨を折って翌日死んだという話があります。そんなわけで当時の豚は、都市においては一方では欠くべからざる家畜だったのですが、また同時に通行にとっては危険な存在だったといえます。

こういうふうに都市は汚かったわけですが、にもかかわらずある意味では非常に人間的なところがありました。レオーネ・バッティスタ・アルベルティという十五世紀イタリアの建築家の有名な言葉があります。それは、都市は曲りくねっているのがいいのだというわけであります。つまり、曲りくねっていればいるだけ都市の偉大さが増す、また同時に、歩くたびに新しく景色が開けて楽しいというのであります。ものはいいようだといえるかもしれませんが、今日のようなまことに合理的、幾何学的な形の都市とは非常に違ったものがあったわけであります。ついでに申しますと、パリが今日のように幾何学的、合理的な都市の姿をとったのは、十九世紀の後半にオースマンというセーヌ県知事の構想によるもので、近代合理主義精神の産物といえると思います。オースマンのパリ改造は時の皇帝ナポレオン三世の後ろ盾によるものでして、パリ市民がしばしば暴動を起こしやすい原因は、道路が曲りくねっていて見通しが利かないうえに、狭いためにバリケードを築きやすいところにある、彼らの暴動を防ぐには都市の風通しと見通しをよくしなければいけない、という意図から出たものだといわれております。

ところで、こういった狭く暗いところに中世の都市民は住んでいたわけでありますが、しかし、それにもかかわらずそこには農村と違った活気がみなぎっておりました。そして、市民は市民なりに、農民とは違った一つの市民共同体を作り上げておりました。十九世紀フランスの文豪として有名なアレキサンドル・デュマ（父）の言葉でありますが、パリのような大都市に住んでいる人間にとって国はない、街《リユー》の一画があるのだ、といういい方をしております。つまり、都市の中にさらに小さな住民共同体の区画がありまして、その中で人々はある意味で農村的な親しみやすい雰囲気で生きていたわけであります。この精神は今日でも生き残っておりまして、十七世紀から十八世紀にかけましてちょうど一世紀生きたフォントネルというフランスの文豪がおりますが、彼は、パリの自分の居住区《カルチエ》以外の住人とは付き合ったことがなかったといわれております。そういった意味では、都市民の間にも私たちが考えるようなドライな人間関係ではなくて、むしろ親しみのある人間関係があったわけであります。遠隔地貿易に従事しているような人々でも、必ず都市の中に家を持つと同時に、クリスマスとか春の復活祭のような宗教的な祭日のときには、必ず自分の都市に帰ってきて人々といっしょにお祝いをしなければいけませんでした。そういった意味での市民共同体的な精神は今日までずうっとつづいております。

その市民共同体精神が発揮された場でありますが、今申しました居住区のほかに、職業別のギルドがありました。つまり、商工業者がそれぞれ職業別に組合を作っておりまして、そのなかには親方、職人、徒弟の三つの階級があり、親方だけが正規の組合員だったわけであります。

一人前に仕事ができるのが親方でして、親方たちの組合、ギルドが製品の規格とか品質、作業の労働時間や価格を決めます。親方になるまでには長い間修業しなければなりません。まず徒弟となって親方に仕えまして、七年ぐらい下働きをし、それから職人になりまして、あちこちを歩きまわって、各地の親方の下で腕をみがくわけであります。でありますから、ヨーロッパの職人はけっして都市の中にじいっと居きりではなくて、インターナショナル

図 III-8　中世パリの生活とセーヌ川（*Le film de l'histoire médiévale* より）

というか、インターローカルというか、ともかくも土離れをした普遍的な精神を身につけております。この職人の時代には、結婚は許されませんでした。結婚いたしますと一個所の土地に住みついてしまい、いわば腕をみがくチャンスを失ってしまうからであります。カトリック教会の聖職者も、結婚をしないということで土地との結びつきを避け、インターナショナルな普遍的な団体を作りえたわけですが、職人の場合も同じようなことがいえます。

相互扶助の市民共同体精神は、また施療院といったところにもよく表れております。フランス東部のブルゴーニュ地方の首都にディジョンという大きな町がありますが、そのちょっと南にありますボーヌというところには、たいへんみごとな施療院がありますが、こういった施療院が司教のいる都市にはおかれておりまして、ここに入る資格はただ「貧乏」ということだけであったといわれております。つまり、だれでも入れるということであります。ボーヌの施療院は今日、博物館になっておりまして、当時の薬品とか器具などが中に陳列してありますが、その屋根瓦は、黄色、赤、茶色などのたいへんきれいなブルゴーニュ風の紋様になっております。こういった施療院は各都市にありまして、フランス語ではオテル・ディユー（神の館）と呼ばれています。パリのオテル・ディユーはシテ島にありまして、今でも病院として機能いたしております。

このように、施療院、ギルド、そして地区の住民共同体といった相互扶助のなかで、中世の都市民は生きておりました。これらの都市民は、それぞれ各地から出てきた、土離れした人たちではありましたが、それだけに大地を恋する面をもっていたということもいえます。アミアンの大聖堂やケルンの大聖堂など、カテドラルは司教のいる大きな都市におかれておりますけれども、このカテドラルを真下から見上げますと、まさに森そのものに見えます。当時の人々は森と接しながら生きていたわけですが、人工の石の城壁都市に住んでいた都市民は、それだけ自然を、森を恋しており、カテドラルにこれを求めたのだといえるのかもしれません〈図Ⅲ－9〉。

「都市の空気は自由にする」

この当時の都市を代表するものとしてふつう挙げられますのは、ドイツのハンザ都市であるとか、イタリア諸都市のように、政治的な独立性の高い都市、と同時に経済力の強い

図III-9　石の森ともいえるカテドラル、ケルン大聖堂（撮影・木村尚三郎）

都市であります。これに対しまして、フランスとか西ドイツとかの、いわば農業的先進地帯に出てまいります都市は、一体に弱小でありまして、北東ドイツのハンザ都市かイタリアの都市のような、大きなまた力強い規模をもっておりません。しかし、近代に向かって発展していったのは、実はフランスとかイギリスのような、小さな都市でありました。それはなぜかということを考えてみますと、ドイツとかイタリアの都市は、確かに中世ではその政治的な独立度は高かったわけですが、そのことは逆にいいますと、都市相互間の経済的な結びつきが弱かったといえることになります。つまり、都市がそれぞれに自立し、政治権力をもち、軍隊や、ときにはハンザ都市のように軍艦まで保有する、つまり都市が交戦権をもつということになりますと、自由な、また平和な市場の確立はむずかしいわけです。したがって、都市が強力な政治権力、軍事力をもつのは、むしろ自己矛盾であります。この点イギリスとかフランスの都市は、中世では小さかったわけですが、にもかかわらず、農村と農村との間を見えざる糸で結びつけ、やがて近代に大きな国家権力を育て上げていきます。それだけ農村と都市の間、ないしは都市と都市との間の経済交流が活発であったわけで、中世のそういった政治的独立というものと、近代での都市の発展は相反する要素をもっていた、ということがいえるだろうと思います。しかし、にもかかわらず中世では、やはり北ドイツのハンザ諸都市、例えばリューベック、ハンブルク、ダンツィヒなどの活動や、またイタリアの大商業都市の発展を無視することはできません。中世ヨーロッパの都市経済圏を支配しておりましたのは、なんと申しましてもこういった都市であったからであります。

ところで、ここで私たちが一つ考えてみなければいけない問題は、ヨーロッパではまさにこの小さな都市にこそ自由の精神がやどり、また近代的な合理主義であるとか、近代思想そのものが芽生えてきたということ、また、その小さな都市それ自体が、近代ないし現代を切り開く要素を最初からもっていたという点であります。

先ほど申しましたように、都市は非常に小さく城壁で囲まれておりました。城壁で囲まれたということは、いわば土の現実といいますか、農村という現実の中において、自分たちの世界だけを別の世界として限ったということであります。つまり、市民たちが自ら城壁を作り、自らに枠を課し、自らをいわば「籠の鳥」とすることによって現実との密着を遮断し、土の現実から新しく飛躍し、そこから解放されようとした。この、現実から飛躍しようとする意志、積極的に明日に生きる理念を高く掲げつつ、これに一歩でも近づこうとする努力が、ヨーロッパの自由の精神であり、そのための足場となったのが都市でありました。ドイツ語で、「都市の空気は自由にする」という言葉があります。これは、中世末の諺でありますが、これは一方において、「農村の空気は不自由にする」という言葉と対比されます。この二つはまさに際立った特徴をなしているわけでありまして、一年と一日この都市の城壁の中に領主の追及を逃れて生きておられますと、都市民としての資格をもつことができる。その都市民とは何かと申しますと、実際の都市の中は、先ほど申しましたように汚く、また舗装もされていなくて泥まみれであったかもしれませんが、しかし、そこに生きていた人々はほかの都市との関係の中でいわばインターローカルといいますか、地方と地方とを結びつけて、言語も、また風俗習慣も違う関係ながら、そこに共通の市民法を形成していく。それによって農村的な分断された状況を次第次第に打ち壊しながら新しい国家の形成に向かっていたということがいえるわけです。こういった意味で、つねに理念を高く掲げながら明日をめざして生きてきたのがヨーロッパ人である、ということがいえるかと思います。

■対　談（Ⅲ）

堀米庸三
木村尚三郎

堀米　ただいま木村さんから、十二世紀に勃興いたしました都市というものにつきまして、その特性をいろいろと伺いましたが、都市につきましてはお話しすべきことが非常に多い。いちばん最初の、ヨーロッパの都市とはいったい何であるか、ということから始まりまして、いちばん終わりに述べられました都市の自由ということに至るまで実に話題が豊富でありますので、限られた時間でこれを十分にお話しすることは容易ではありません。そこでいつものようにまた木村さんと私がお話をしながら、今までお話しできなかった面も多少ともそこで説明してまいりたいと思います。

対立しつつ共存する都市と農村

堀米　そこで、まず第一番目ですけれども、都市というものは農村と対立的な共存関係をつくる、ということをいわれましたが、これは西洋の十二世紀以降についての都市についてたいへんに重要なポイントだと思います。このなかにはヨーロッパの都市が、ヨーロッパ以外の諸都市とも、それからまた中世ヨーロッパができますまでの古代の都市とも違うということも含んでいるのではないかと思うのです。ヨーロッパ以外の都市でありましても、あるいは中世以前の都市であっても、都市というものは農村とそんなに深い関係をもっていない。むしろ農村を単なる一つの足場として、それとはあまり関係のない貴重な商品を遠くまで売りさばいたり、また遠くから非常に貴重な商品を持ってくる、というのがそれ以外の都市の基本的な性格であった。

これに対して中世ヨーロッパの都市は、今申されたように、都市が農村のサーヴィスセンターだったというところがある。そして、その間では対立しながらも、両方が共存しなければいけない。農村からは穀物を供給してもらわなければ都市民は生きるわけにはいきません。そういう意味で、この点が今日のお話の出発点ですけれども、同時にまたヨーロッパの都市を理解するための貴重なポイントだということにもなろうかと思いますね。

木村　そうですね。とくに私たちは日本に住んでおりますから、農村とはっきり区別される城壁都市というものに慣れないんですね。城壁都市というのは見たことがない。しかし、それは日本のほうがむしろ非常識であって、ヨーロッパでも中国でも、かつての都市はみな厚い城壁で囲まれ、城壁で自分を限っている。中国の城という漢字は、日本のような城を指すのではなくて、城壁で囲まれた地域を指しています。ヨーロッパの都市は、農村社会にとっての経済的な拠点、心臓部だったわけで、ここを城壁で厚く囲みながら、社会を何とか維持していこうとする。それはやむをえず出てきたもので、むしろ私たちのほうがちょっと一般常識から外れているということですね。

堀米　そうです。城壁をもたない都市というのは日本以外にはないですね。日本でも非常に例外的にそういうものが堺などにみられたかもしれませんが、きわめて一時的な例外的な現象である。ところが、反対に世界中にそれがある。

そこで思い出しますのは、だれでも知っているホイジンガの『中世の秋』という有名な書物の冒頭です。中世の都市が二つの違ったものの対照性でギラギラとしているようなところがある、というくだりの終わりのほうに、都市と農村とはまた城壁によってはっきりと区切られていて、近代の都市のような、町の外、城壁の外に工場が建ち、そして住宅がだらしなく続いているのとは非常に違うのだ、という冒頭の書きだしがありますね。

木村　都市と農村は、現在でも、基本的にははっきり分けられたところが多いですね。新しくメガロポリス化して、周辺部が非常に広がってしまったところも確かにあるところはあります。パリもその一つかもしれません。

堀米　確かにその点では、ヨーロッパの都市と日本の都市とは基本的に非常に違うところがある。いってみれば、日本の都市には、自然との共存といいますか、自然との共生という性格が非常に強い。それに対してヨーロッパの都市は、これは中世に限りませんが、自然とはっきり自分を区別したところがありますね。

木村　そうですね。そこに文化をみている。

堀米　そうそう。いってみればヨーロッパ的な文化の概念というものが、つまりは自然というものを加工するか、ないしは自然というものの法則に従うことを拒否するというところに文化の根源を認める。こういうところがありますからね。

木村　しかし、日本はどうして城壁がないんでしょうか。例えばヨーロッパのように地続きでないから、盗賊とか敵兵がヨーロッパほどひんぱんにやってこない、ということからでしょうか。

堀米　それはそういう面と大いに関係するのではないでしょうか。例えばもし戦国時代がずうっとつづいたとしますね。そうすると城下町は、やがてそれも防備されたかもしれない。ところが、戦国時代はそう長くつづかないで、そのあと織豊政権ができ、さらに徳川時代と非常に安定した時代ができてくる。そこでは、武士階級は実際はあまり意味のない存在だったわけですね。意味のない存在であるにもかかわらず三百年間それが維持された。だから、そこで町民というのは城とは全然別のところに住むということになる。そういうことと何か関係するのではないでしょうか。

木村　そうですね。農村と農村との間を都市が細い糸のように結ぶ場合に、ヨーロッパですと地続きですから、都市、地方、国家といった人間集団の単位をなるべく小さく限り、これによって安全を確保しようとする配慮が働く。日本は周りが海という自然の城壁ですから、「日本城壁国家」のなかに、さらに城壁都市を作る必要はなかった。それに、いったんそういった都市と農村との関係ができますと、戦国時代はほんの一世紀ぐらいで、すぐ江戸のまとまりになるわけですから、その意味では、都市を城壁で限っているひまがなかったということもあるかもしれません。

堀米　そういうふうにいってもいいのではないかと私は思いますね。実際問題として、本当の意味で日本人が国民としての自覚をもつのはずうっと新しいことである。そういう結果に他方ではなってくるのではないかと思いますね。

城壁の中の市民意識

堀米　それで、先ほどもお話にあった例のブルジョアという言葉とシトワイヤンという言葉、この二つがまたヨーロッパにはあるけれども、日本にはない。ブルジョワという言葉はとにかくブール、ブルクに住む人間ということで、ブルクというのは自らを囲うという言葉からきているわけですね。ドイツでは、それをビュルガーといいます。ところがこれはおもしろいことに、ドイツにはシトワイヤンにあたる言葉がないんです。シュターツビュルガーStaatsbürgerという言葉はあり、シュターツ（国）のビュルガー（市民）、つまり国民ということになりますが、これはあとから作った言葉です。フランス語はちょうど具合よくブルジョアという言葉と、それからシテという昔の国民、ないしは国家というものを表す言葉からひいたシトワイヤンという言葉があるんですね。

木村　その点、日本で市民といえば内容が非常にあいまいですね。市民運動とか、市民団体とかの概念は、はっきりしません。

堀米　ですから、とくに中世の都市などの場合に、単なる市民というとどうも誤解のおそれがあるので、都市民という言葉をよく使います。都市民というのは、要するに都市に住んでいるブルジョアということを表さんがために、われわれが区別して使っているのです。
木村　つまり都市居住民ですね。
堀米　その場合に、シトワイヤンという言葉とブルジョアの違いが、充分に認識されているということはできないようですね。
木村　シトワイヤンの訳語は、本当は市民とは別の言葉にしたほうがいいのかもしれません。ドイツ語でシュタートツビュルガーとおっしゃいましたように、日本語でも、公《おおやけ》の民、公民という言葉がほんとうは当たっているのかもしれませんが、ちょっとなじまないという感じですね。
堀米　そうですね。昔の大御宝《おおみたから》みたいな。どうも昔の大御宝というと農民のことになるわけでしょう。だから、ちょっとなじまない。そういう意味で、日本の都市と西洋の都市というものと、それから国そのものの意識もそこで違ってくるのではないかということですね。
木村　ええ。ヨーロッパの市民意識は複合的ですね。一方では都市君主に頼ったりしながら現実には生きていかなければならないけれども、他方では意識としてはそれを越えてインターナショナルに生きる。つまり、二つの複合的な意識があって、今日の多国籍企業と国家の関係のように、都市民は一方では、都市君主や国家などの「権力」と妥協ないし協力しつつ力を蓄えていかなければならないが、他方では土から離れてインターナショナルな結び合いを必要とします。例えば農民であれば自分の土地、自分の村だけに両足をつけていればいいのに、都市民は、一方の足は農民と同じような心の許せる場所につけながら、他方の足は、もっと心の許せない場所といいますか、インターナショナルな場所におかなければならない。そういう二つの世界に足をかけている人たちといえるのではないか。それが今の世の中を明日に進めていく原動力になっていたのではないかという気がしますね。その意味では、気持ちの上では非常に辛い思いをしていた人たちだったわけですね。

今日、私たちが都市に住むといいますと、農村に住むよりいい暮しをするという感覚がありますが、必ずしもそうではない。むしろ都市の中は汚いし、病気も流行りやすいし、苦しみながら生きていたという面が強かったのではないでしょうか。

堀米　ですから、一つは安全な場所に足をおいて、片足はたいへん危険に満ちたところに足をおいているということになりますと、都市のほうに本来、世の中の発展を引き起こしていくような力がやはり直接的には見出される。農村はそういうものを支えるという、そういう役割を分担しているような感じがいたしますね。

木村　私たちが、これでそれほど大きな力をもっているのか、と思うほどヨーロッパの都市は小さい。それに比べて東京を見ると大きいから、なんだこんなものかと思いがちですが、むしろ外界に対して身構えるからこそ、むしろ意図的に小さくしたという面があるのではないでしょうか。

堀米　ほんとうに昔の都市は非常に狭いものですから、中世史家としてのわれわれは、ヨーロッパの都市を歩く場合に非常に簡単に歩ける。これはありがたいことでもありますけれども、先ほどパリのお話が出ましたが、ロンドンのシティというのはパリのシテ島にほぼあ

たるわけですけれども、あれもほんの一マイルほどのもので、非常に小さな場所ですね。あ
あいうところにみんなごしょごしょ固まっていた。

先ほど都市建築物の高度制限の話が出ていましたが、アルプスの南が高くなって、北が低くなるというのは、アルプスの南のほうの地中海沿いは、石造の建築が多いから割合に高くしても安全だ、という面があるんですね。木造建築地帯になりますと、どうしてもあまり高いものを作れない。現在はずいぶん高いものも残っておりますが、あれは比較的新しい時代のものだということがいえるでしょうね。だれでもこのごろ話題にする南ドイツのロマンティッシェ・シュトラーセなどの地方に行きますと、六階も七階もあるような中世の摩天楼みたいなのがたくさんありますが。

木村　そうですね。部分的には、北でも、農家でも十二、三世紀の石造りがないわけではないですが、しかし一般には、木造が多かったわけですね。

堀米　したがって、都市の広場も、ずいぶん立派な広い広場が今はありますが、あれはたいていあとからできたものなんですね。ですから、そのわきに必ず昔のオールド・マーケットがありますね。

木村　そうですね。カテドラルの前の広場ができたのも近代で、昔はなかったですね。ですから、人々はカテドラルを、すぐ下からずうっと仰ぎ見ていたわけでしょうね。

堀米　家がだんだんと両側から張り出してきてみんなくっついちゃうというのは、ゲーテの時代、十八世紀か十九世紀にはまだあったんですね。ゲーテが生まれたのはフランクフル

ト・アム・マインですが、あそこで彼が幼時の記憶のことを『わが生活より』の中に書いていますが、依然として町には張り出しがあってたいへん不衛生だ、ということを書いていますね。

ですから、その状態が十八世紀までつづいたといってもいいくらい、都市の生活はある意味ではそういった苦しい、狭いところにごしゃごしゃ集まらなければならないという面もあったわけです。しかし、他方ではまたそこに非常に強い共同の精神があって、それがまた都市が他方で未知な世界、危険に満ちた世界へ飛び込んでいく、そういう足場にもなったということになりましょうか。

それでは、まだいろいろお話がありますが、このへんで。

Ⅳ　グレゴリウス改革――ヨーロッパの精神的自覚

堀米庸三

〝あるべき秩序〟と世俗権力の教会支配

今日は「西欧精神の探究」の第四回目で、「グレゴリウス改革」についてお話しすることになっております。すでに第一回のときにもお話ししましたし、また第二、第三回目の農業と都市という問題につきましても、十二世紀がどのような仕方でヨーロッパの改革と呼ばれるにふさわしい基礎をつくり上げた時代であったかは、一応わかったわけでありますが、十二世紀が革新の時代となった真の理由は、今日これからお話しするグレゴリウス改革においてほかにないのであります。この改革はローマ教会を中心とした教会の改革ではありますが、この時代の社会の仕組みからして、教会の改革は必然的に俗世間とその支配者たちに影響を及ぼすことになります。純然たる宗教的・精神的なものをこえて政治的なもの、社会的なものなど、ありとあらゆる影響がこの改革から出てくるのです。

そこで、このグレゴリウス改革とはいったい何ものかということになるのでありますが、だいたいこのグレゴリウス改革という言葉自体わが国ではまだ熟した言葉であるとはいえないのが実情であります。日本では高等学校の教科書などにもみえますように、皇帝権と法王権との争いをのべる際に「叙任権闘争」という言葉がしばしば使われております。この叙任権闘争という言葉は、英語にもドイツ語にもフランス語にもみんなある言葉でありますが、ドイツの学者はもっぱらこの叙任権闘争という言葉でグレゴリウス改革を説明する。フランスやイギリスの学者は叙任権闘争とグレゴリウス改革とを分けて考えるという傾向が強い。その場合には、グレゴリウス改革を大きな教会の改革の問題といたしまして、叙任権闘争はそのなかの一部として考える。これがイギリス、フランスの学界に支配的な傾向ですが、一般的にはこれが正しい考え方といってよいでしょう。

しかしながら、叙任権闘争をもっと具体的に考えてみますと、それは結局、聖職者をだれが任命するのかということをめぐる争いということに帰着します。そして、この問題をもう一段つきつめていきますと、やはりそれはグレゴリウス改革がめざしたことそのものをめぐる争いということになりますので、ドイツの学者がグレゴリウス改革をそのまま叙任権闘争と同義に取り扱うのも、必ずしも誤りということはできません。要するに用語の問題は、この場合、第二義的な事柄にすぎません。それにしても、叙任権闘争を一つの中心イッシューにしたグレゴリウス改革というように考えますならば、おそらくは、フランスやイギリスで理解されているもの以上の深い内容が理解されるように思います。

このグレゴリウス改革は、いつからいつまでのことと考えるかと申しますと、私はこれをローマ教会の改革が始まった一〇四九年から、ローマ法王庁とドイツ皇帝権との間に成った妥協、ウォルムス協約（一一二二、一二四～一二五頁参照）まで約七十年以上にもわたるものと考えております。

そこで、それではグレゴリウス改革とはいったいどんな改革なのかということになりますが、これに対する答えはまことに人さまざまであります。比較的賛成者の多い定義としては、ドイツの学者、ゲルト・テレンバハの唱えたものであります。それは、「この世におけるあるべき秩序を求めての戦い」ということであります。この「あるべき秩序」という言葉は、一般に流布しております英訳では――ドイツ語の原本は現在入手困難なので――ライト・オーダー（right order）、正しい秩序ということになっております。あるべき秩序といってもいっこうに悪くないわけです。それならば、何が正しいあるべき秩序なのであり、それによって置き換えられるべき悪しき秩序とはいったい何なのか、ということになります。

歴史的にみますと、このようなことが問題になりました事情は次のようなものでした。第一回にお話ししました例のシャルルマーニュが亡くなりました（八一四）のち、シャルルマーニュの大統一は急速に崩れ、その過程でフランクの王権も当然急速に衰え、やがてそのあとにドイツ、フランスという国々ができてまいります。シャルルマーニュのフランク王権と提携することによっていっぺんに強化されたローマ法王権も、フランクの皇帝権が弱まるのと併行して東ローマ皇帝権からの独立も脅かされていきますが、他方ではフランクの皇帝権から何とか相対的に自立したいとつとめます。しかし、およそ皇帝権の後ろ楯をもたない法王権は弱体化し、その結果、退廃せざるをえないのです。これは今後も繰り返しみられる現象なのです。

それならなぜそんなことが起こるかと申しますと、この時代においては交通通信の手段が甚しく未発達であります。他の重要な理由もいろいろありますが、つきつめていえば教会のように自分で自分自身を守る武力を欠くものはどうしても近隣の権力者の利害に動かされざるをえません。具体的に申しますと、ローマ市の貴族とか、あるいはローマ周辺の領主といったもののなかの有力者が結局はローマ法王庁を動かしてしまうという結果になりがちです。すでにローマ教会自体がそうである以上、ヨーロッパ各地の教会はすべて、あるいは一般的にいって宗教界自体がそれぞれの地方の世俗権力の左右するところになるのは、きわめて見通しやすい道理であります。つまり、世俗の権力が教会の権力を左右するということです。これがキリスト教の立場からみて悪い状態であるのは言をまちません。換言すれば、これが正しからざる、あるべからざる秩序なのです。

このような状態がどのようにして生ずるのかといいますと、具体的には、教会であれ、修道院であれ、その司祭または修道院、あるいは司教ないし大司教といった教会の長を、教会の法に反して俗人が任命するようになってきていたことです。またこれはとくにフランスに多くみられた現象ですが、世俗の領主が、そのままの資格で修道院長になっていましたカペー王家の祖ユーグ・カペーは、国王になってはじめて修道院長を兼任するのをやめたほどです。あるいは司教・大司教は、国王（ドイツとイギリス）ないし皇帝がこれを任命するのがふつうで、フランスにその慣習が比較的少ないのは、王権が十二世紀の末まで弱体であったためにすぎませんでした。

これは、一つには東ローマ皇帝が世俗の権力者であると同時に、神の代理者として教会支配を行っていたことと深い関係があります。このような教会支配をふつう皇帝法王主義と申しますが、それはシャルルマーニュの皇帝権の再興――ローマ皇帝権の何たるかは、実際東ローマの範例以外に理解の方法がなかった――を通じて西方にも受け継がれ、それはまたオットー一世による皇帝権の再興に際して、ドイツを中心とした神聖ローマ帝国にも受け継がれたのであります。そこで皇帝や国王が修道院長や司教、大司教を任命するということはごく当たり前のことになっていたのです。（もちろん、ここで一つだけ注意をしておく必要があります。国王や皇帝の聖職者任命といっても、それは形式上の指名にすぎず、教会自体のもつ叙品権〈叙任権〉を侵していたものではないのです）。それ以下の世俗の領主の場合も同じです。有力な地方の封建領主が自分の土地、勢力圏に教会を建てたときには、その司祭や修道院長を任命するのはごく当たり前のことでした。そんなわけで、ローマ教会全体を統《す》べるローマ法王は、しばしば皇帝の任免権に服しており、だれもこれを怪しまなかったのであります。

さて、今しがた、ローマ教会は皇帝権が弱体化するときは必ず地方的権力の左右するところになると申しましたが、その典型的事例は十世紀から十一世紀にかけてのローマ法王庁にみられます。それは醜悪な婦妾《ふしょう》政治、ポルノクラシイとして知られているものであり、ある法王の愛人マロツィアという人物がローマ法王庁を動かしたものでありますが、実質は皇帝の保護を失った法王権をめぐる貴族の権力闘争の表れにほかなりません。こういった状態を一応救ったのが神聖ローマ皇帝オットー一世であります。オットー一世を皇帝に戴冠したのはローマ法王ヨハネス十二世でありますが、この人も悪徳法王の代表の一人でありまして、自分の愛人にした女の亭主に殴り殺されたというエピソードで知られております。こんなことは、当時のローマ法王では珍しくありません。ローマ法王で珍しくないことは、その他の教会においても珍しくないということであります。しかし、たとえそれが教会の常態であったとしても、悪いことはやはり悪いに決まっています。これに対し教会の浄化に立ち上がったのがさまざまな教会改革者で、そのなかでのちにグレゴリウス主義者と一般にいわれるに至った人々は、教会諸悪の根源は帰するところ世俗の権力が教会を支配しているところにあると考えたのであります。そこからしてこれらの人々は、教会の掟にもとづいた「正しい秩序」をこの世に打ちたてようとしたわけであります。

聖職売買《シモニア》と聖職者妻帯《ニコライティズム》

世俗権力の教会支配は、聖職者任命権に集中的に表れます。しかも、この任命はけっして無償ではない。任命を受けるものは金銭、土地、権利など要するに有償でその位を買い取るものでありまして、これがシモニアと申します。これをなぜシモニアというかといえば、それは聖書の使徒行伝の第八章、十四節以下にみられる故事によるものであります。

この中にみえる記述によりますと、ペテロは、彼がやってくるまで洗礼は受けたがまだ聖霊を授かっていなかった人々のために、手をその頭に伸べること、つまり按手《あんしゅ》の儀礼によって聖霊を彼らに伝えた。それをそばで見ていた魔術師シモンという男が驚きまして、どうか自分にも聖霊を授ける力を与えてほしいと懇願してお金を出しました。ここが聖書の記述のちょっと不自然な点ですが、ていねいにお願いしているシモンに対し、ペテロはたいへんに立腹し、お前のお金はお前といっしょに地獄へ行ってしまえといってそれを斥《しりぞ》けたという話なのです。この故事がもとになって、つまり聖霊を授けるというイエスから使徒に託された神聖な役目と能力をお金で買えると考えた魔術師の例をもとにして、本来は神・イエスだけが与えうる聖職を金銭で購うという教会の陋《ろう》習をシモニアと呼ぶことになったのです。

ふつうシモニア、聖職売買といえば、俗人の支配下にある教会の聖職を聖職者が有償で求めることを指していいます。しかし、シモニアはなにも俗人ばかりでなく、聖職者自身が、下の聖職者がシモニアで上の聖職者からその職を買うことは常態であったのです。念のためにあらかじめ申しますと、グレゴリウス改革は皇帝・国王と高位聖職者間のシモニアを排除することに成功しましたが、地方領主とその領内の司祭、下級聖職者どうしのシモニアの排除には、必ずしも成功しませんでした。

さて、これがあるべからざる秩序の第一だとしますと、第二の不都合は、聖職者の妻帯であります。このほうはシモニアに対してニコライティズムといいますが、この語源は諸説あってはっきりしません。要するにニコライティズムなるものは、妻帯聖職者、愛人ないし隠し妻をもつことで、これも当時にあっては異例のことではありませんでした。そして、これも前述のシモニア同様、グレゴリウス改革が完全に排除しきれなかったものです。教会会議の記録などを追ってまいりますと、十一世紀はもちろん十二世紀にもそれ以後も至るところに同じ妻帯禁止の条令が出てきます。そこで、ルターに至りましてついに、プロテスタンティズムでは、聖職者の妻帯つまり牧師が妻を持つことが許されることになり、ルターはその先例を開くことになるわけでありますが、カトリックは今日に至るまでそれを認めておりませんので、第二ヴァチカン公会議のあと、その問題が北方のヨーロッパ、特にベルギーで大きな問題になっているのであります。しかし法王庁は、私のみるところ、この問題で妥協することはないでしょう。

それはともかく、ニコライティズムが教会の腐敗につながることはいうまでもありません。ですから、改革者のある人などは、聖職者が女の体にふれたその同じ手でキリストの聖体を扱う、つまり、聖別されたパンとブドウ酒にふれるとは、何たる恥知らずかと、ひどく感覚的な言葉を用いて罵り、法王庁もまたそれを繰り返すのです。

こういったシモニアとニコライティズムに対する改革者たちの怒りからは、いわば必然的に次のようなラディカリズムが生じます。つまり、シモニスト、ニコライットの行った一切のサクラメント（秘蹟）は効果がない。だから、そういった腐敗聖職者から受けた秘蹟は正しい聖職者からもう一度改めて秘蹟を受領し直す必要がある、ことにシモニストの聖職者から聖職を得たものは、正しい聖職者から改めて叙品されなければならないということです。のちにまたふれますが、これはもう文化大革命、それも法王庁自体が感染しかけた文化大革命です。一歩を誤れば、カトリック教会は分裂崩壊したでしょう。

クリュニー修道院とグレゴリウス主義者

ここで、ちょっともとに戻って考えてみます。教会内にはびこった悪の根源が世俗権力による教会支配にあるとしたのが、グレゴリウス主義者であり、その改革がグレゴリウス改革としますと、その改革の具体的プランは何をおいても世俗権力の聖職者任命権の除去ということになります。そこで聖職者の任命権の争い、正確な表現ではありませんが、いわゆる叙任権の争いがグレゴリウス改革の焦点になってくるわけであります。

ところが、いわゆる叙任権闘争につきましては、わが国の教科書やポピュラーな叙述などでは、この闘争がクリュニー改革、つまりフランスのブルゴーニュ地方にあるクリュニーの修道院改革の影響ないし結果だとされていることがしばしばです。私も若い時分にドイツの研究の影響を受けて、この誤りの伝播に寄与したことがあります。それだけに私は、その後あらゆる機会をとらえて、このドイツの研究者の間に未だにある有力な誤りの訂正につとめてまいりました。

この誤りは、結論だけいえば、ドイツ人の強烈な民族意識と、もう一つこれを煽った十九世紀後半の文化闘争、つまりビスマルクと中央党、その背後の法王庁の対立によるものです。どんなものであれ、学問へのイデオロギーの影響は大きく、また破壊的なものです。民族主義はマルクシズムと同じくらい学問を誤らせるものであります。

それはともかく、クリュニー修道院の改革精神も厳しいものでありましたが、そこにはグレゴリウス主義者のファナティシズムもラディカリズムもなかったのです。歴史はしかし不思議なもので、クリュニー主義からではなく、グレゴリウス主義から大きな回転力、レヴォルーションの動力を受けて展開し、ラディカリズムが破綻し、穏健なクリュニー主義にもとづいて、ひと幕を閉じるのです。

いままで「クリュニー主義」などと抽象的なことをいいすぎましたので、現在のクリュニー修道院の写真をお目にかけましょう〈図Ⅳ－1〉。かつてよく知られていた第三クリ

図Ⅳ-1　現在のクリュニー修道院（撮影・木村尚三郎）

ユニーといわれる建物は三回目に建てられたもので、一一三〇年ごろに献堂式の行われたものであります。当時ではローマ教会（ラテラノ宮）よりもずっと大きく、またローマにサン・ピエトロ大寺院ができますまでは、ヨーロッパ最大の寺院でした。ですから、クリュニー修道院はヨーロッパで最も有力な修道院でした。起源をいえば、九〇九年ないし九一〇年に南フランスのアキテーヌ侯が寄進造営したもので、ローマ法王以外の何人にも属さない自由修道院として出発しました。その後みるみるうちに大きな発展をとげ、数百、ついには千数百の支修道院を擁する大修道院に発展しました。第三クリュニーはわずか一基の鐘楼《しょうろう》を除き現在はありません。アメリカの美術考古学者として世界的に著明なケネス・コナント氏が発掘調査を重ね、現存するクリュニー系の他修道院と比較研究の末、航空写真の中にはめ込んだ図がありますが、これは美術史上、実に驚くべき業績として知られているものです。

さて、話をもとに返して、クリュニー修道院が誤ってグレゴリウス改革の主流と考えられるようになったのは、教会改革者として知られるドイツ皇帝ハインリヒ三世がこの修道院と密接な関係があったためなのです。グレゴリウス改革を始めたのは、ローマ法王レオ九世でありますが、このレオ九世をローマ法王に任命したのがハインリヒ三世だったのです。この人の王妃アグネスは、アキテーヌ、つまりクリュニーの建設者であったアキテーヌ侯の娘であります。

先にも申しましたように、ハインリヒ三世はたいへんに敬虔な心に富んだ教会の改革者でありましたので、クリュニーの建設者であるアキテーヌ侯女を王妃に迎えてからは、クリュニー改革の精神は直接ドイツに及んでまいります。そしてその皇帝が任命した法王がグレゴリウス改革の先鞭をつけたというところからして、クリュニー精神＝グレゴリウス改革という誤解が生まれてくるのですが、事実はまったく違います。この点ではフランスの研究がドイツと逆にカトリック教会に甘い欠点もありますが、ともかくもドイツのそれよりははるかに正確です。先に申しましたように、この秘蹟、とくに聖職者任命に関する叙品秘蹟についての考え方が、クリュニーとグレゴリウス主義者とではまったく違うのです。

グレゴリウス主義者の考え方によりますと、シモニスト（聖職売買者）の行う叙品はまったく無価値である。だから、正しいカトリック的聖職者によってやり直さなければならぬ、ということになります。一見もっともらしくみえるこの主義は、しかし、ローマ教会の秘蹟論に基礎をおいたアウグスティヌス以来の伝統を根本から否定する異端的考えなのです。ところが、グレゴリウス改革の先頭に立ったレオ九世さえこの考えに捉われて、教会の中に大混乱を起こしましたし、グレゴリウス七世その人さえ、一時この誤りにおちいりました。もちろんローマ教会にもこの誤りを知ってアウグスティヌスに帰ることを高唱した人もありました。ペトルス・ダミアニという人です。そしてここで大事なのは、クリュニーの秘蹟論は一貫してダミアニと同じだったということです。これだけ申し上げれば、グレゴリウス改革とクリュニー精神がまったく関係がないのをおわかり願えると思います。

アウグスティヌス的、ペトルス・ダミアニ的秘蹟論というのはそれならどんなものか、と皆さんは疑問に思われるでしょう。詳しいことは、私の小さい書物『正統と異端』（中公新書）をご覧いただくほかありませんが、ごくかいつまんでいえば、次のようなものです。キリスト教会内で行われる秘蹟は、一見したところ聖職者がとり行っていますが、ほんとうに秘蹟を執行なさるのはイエスその人にほかならない。だから、聖職者はその道具なのだ、そして、すでに道具である以上、聖職者が有徳の人であるかどうかは、秘蹟の効果には何ら関係がないということなのです。これは世俗世界の論理とはまったく異なる宗教の論理でありまして、その意味で多くの高等宗教に共通にみられるものです。わが国の中世仏教、とくに道元のなかにはまったく瓜二つといってよい言葉が見出されます。

ところが、グレゴリウス主義者に指導されたローマ教会は、教会の腐敗を憎むあまり、少なくとも改革の前半、法王でいえば十字軍で名高いウルバヌス二世が登位するまで、この誤りに落ち込んでいました。

それでは、グレゴリウス改革の思想はどこからきたのでしょうか。それがクリュニーではないとすれば、他のどんな修道院がこの改革思想の根源だったのでしょう。それはイタリアではなく、むしろゴルツェやトゥール、今のフランスのロレーヌ、当時はドイツ領ですからロートリンゲンにあった改革派修道院だったようです。これらの修道院に、グレゴリウス改革の代表者のほとんどすべてが、何らかの仕方で関係しているのです。同じ改革の思想は西南ドイツの黒林地帯、シュヴァルツヴァルト地方にもみられ、叙任権闘争時代に大きな活躍をしますが、それらについてはこのあとの今野國雄さんにおまかせいたします（第Ⅴ章）。

叙任権闘争の経過とカノッサの屈辱

ここで主題のグレゴリウス改革の歴史に戻ります。改革者は「この世の正しい秩序」を打ちたてるためには、聖職者の任命権を俗人の手から教会に奪回する必要があると考えましたが、そうすることは、聖職任命権を現実に掌握している世俗の権力者、なかんずくドイツの神聖ローマ皇帝と一戦を交える覚悟がなくてはなりませんでした。中世では、宗教上の問題が宗教だけの問題に終わることはまずないからであります。

当時のドイツでは封建制度がようやく組織化され始めたころであります。侯とか伯、辺境伯といった有力者は一応封建的な臣従関係を国王ととり結んでいますが、この関係はまだ国王と臣下という関係より強いとは必ずしもいえない。それは、人間は封建関係の絆で捉えられているとしても、膨大な土地が知行ではない自有地であり、多分に形式上王権の下にあるにすぎなかったからです。これはウィリアム征服王以後のイギリスは別ですが、初期カペー王朝下のフランスも同じです。ただドイツではフランスよりもはるかに多くの土地が自有地だったといえます。この権力分散状態に対処するには、全国的いや全ヨーロッパ的組織――あまりに過大評価してはなりませんが――をもつ教会を利用するほかはなかったのです。そこで問題になるのが聖職者とくに司教、大司教、大修道院長の任命権の確保ということになるわけです。ともかくも地方的利害に捉われるところが比較的少ない。どの国の教会も、例えばフランスならランス、ドイツならケルンまたはマインツ、イギリスならカンタベリーというふうに中心があり、この中心を通してローマと結びついています。そこで封建的な混乱を克服して、国全体の統一をはかるためには、この教会組織を利用するに限ることになります。繰り返しになりますが、この組織を利用するには、聖職者の任命権が必要です。各国がすでにそうでありますが、ヨーロッパ最高の権力者としての皇帝は、さらに法王の任命権までを確保する必要があります。そして事実、グレゴリウス改革の初期、ハインリヒ三世の没年（一〇五六）までは、それをがっちり握っていたのです。しかも、教会の改革に熱心だったのは、ローマ教会ではなく、皇帝自身、つまり、ハインリヒ三世その人だったのです。彼は、シモニストの疑いのあった三人の法王を更迭して、すでに何度かのべたグレゴリウス改革の先駆者レオ九世を法王の座につけたのです。しかし、間もなくハインリヒ三世が亡くなりますと、すでに改革派によって満たされていたローマ教会は、もはや皇帝のイニシアティヴを要せずして、改革を進めることになります。そこにはじめて叙任権をめぐる争いが本格化することになります。

ドイツとローマ教会との間には、イタリアのミラノ教会があり、古代以来、大司教聖アンブロシウスの権威を継いで、法王にさえ屈しようとしません。このミラノの大司教の任命権をめぐる争いが、グレゴリウス七世までの叙任権闘争の中心イッシューになるのです。このミラノ大司教任命権をめぐる争いが頂点に達したときの対立する両者は、一方ではハインリヒ三世の息子であるところの国王ハインリヒ四世、他方では一〇七三年に即位した法王グレゴリウス七世だったのです。

誤解のないようにご注意します。中世のローマ法王といえば、オールマイティーだとだれしも考えがちですが、これくらい事実に相違した考えはありません。叙任権闘争が終わってはじめて、法王は全能者に近づくための鍵をにぎるのです。反対に、皇帝ははるかに全能者に近かったのです。これは、東ローマ、ビザンツの皇帝理念を受け継いでいる以上、きわめて当然だったのです。

この強力な皇帝権に対して、法王権はどうして戦うことができたのでしょうか。簡単にいうと、新しい改革理念を全帝国の諸侯、聖職者に植えつけること、もう一つは、皇帝対諸侯の対立を利用することです。こうしてはじめて、武力をもたない法王権は対等に皇帝権と渡り合えることになるのです。

おそらくは、この両方策がうまく噛み合った結果でしょう。ハインリヒ三世のもとでオットー一世以来最強のものとなった皇帝権も、その未成年の遺児ハインリヒ四世のもとでは、一時的に甚だしく弱体となりました。諸侯も聖職者も二つに分裂して対立することになりました。この間ローマ法王の座にあったグレゴリウス七世は、父帝ハインリヒ三世の改革への熱意を尊敬したところから、つねにハインリヒ四世をかばい、そのさまざまな無法に対してさえ、これをかばい、責任を国王の顧問たちに帰しております。しかし、その間丁年に達した国王は、法王の好意を感ずるよりは、失墜した王権の回復に熱心でした。ここに両者の真の対立が生じ、結局は有名な「カノッサの屈辱」（一〇七七）にまで至るのです。

「カノッサの屈辱」についての詳細は省きます。ここで申し上げておきたいのは、ハインリヒ四世が、王妃のほかはまったくの供廻りだけを従え、反対派の目をかすめて、シュバイエルからブザンソン（ブルグント）、そこからモン・スニ峠を越えてロンバルディアに至り、多数の法王反対派のイタリア貴族に迎えられたこと、この報せに驚いたグレゴリウス七世が、ドイツのアウグスブルクに赴いて諸侯とともに国王ハインリヒの裁判を行おうと北イタリアに向かっていた旅程を突如変更して、信任厚かったトスカナ辺境伯妃マチルダの山城カノッサに立てこもったということです。

カノッサは、アペニン山脈が西方に大きくわん曲するあたりの、前山の中にあります。夏はともかくとして、冬は恐ろしく交通不便なところです。私も、ハインリヒ四世と時期的にそう変わらない初冬にカノッサを訪れたことがありました。凍った雪道を車で登ったのですが、小さい砂利まじりの砂が撒かれていなかったらロウ・ギアでさえ登れなかったろうと思います。ハインリヒ四世の場合、例をみない大雪でしたから、その苦労は大したものだったでしょう。

先ほど「カノッサの屈辱」については語らないと申し上げましたが、それは多数の同時代史料があるにもかかわらず、事件を目撃した可能性のあるのはただ二つで、それがひどく簡単で、とうていそれで「カノッサ」を再現することはおぼつかないからです。大部分は謎につつまれています。

カノッサでハインリヒ四世は恭順の意を表し、グレゴリウス七世の赦免を乞いました。

王権は明らかに教権に屈しました。その結果、利益を得たのはしかし、教権ではなく王権でした。法王は予めそれを見抜いていたのかも知れません。神に仕える聖職者たる法王は、罪の赦しを乞う人間を赦さざるをえません。それゆえ、法王は頑強に会見を拒絶したのです。しかし、法王の信任厚いマチルダ・トスカナ女伯、ハインリヒの義母の懇願にあって法王は折れました。会見したのが法王の政治的——しかしやむをえぬ——敗北でした。

なぜかというと、法王はこれでドイツの反ハインリヒ諸侯の支持を最後的に失ったからです。このへんのところはまことに微妙です。ともあれハインリヒは多くのイタリア諸侯の支持を集め、ドイツに帰って反対派諸侯を苦闘の末うち破りました。そのうえで、イタリアの反国王派を一掃しようとしたとき、法王は再度ハインリヒを破門しましたが、時すでに遅く、かえってローマに囲まれ、無法者ぞろいのノルマン人たちに救出されましたが、ついに再びローマの土を踏むことなく、サレルノで窮死したのです。

しかし、イタリアを押え、対立法王を擁して戴冠し、皇帝となったハインリヒ四世も、このころが勢力の頂点で、その後は次々にわが子に背かれて失意のなかに没します。その直前、法王の座にあったのがウルバヌス二世で、十字軍を唱導することによって全ヨーロッパ的指導権を確立し、皇帝との争いを地方的な一問題に押し下げてしまいました。そのうえ、彼はグレゴリウス主義者たちの誤った秘蹟論を徐々に取り除き、この方面でのローマ教会の面目を救いました。彼はクリュニー出身の法王だったのです。このあと叙任権闘争が妥結するには約二十年以上もかかりますが、中世史を飾る壮大な叙事詩はウルバヌス二世で終わるのです。

それでは、一一二二年に妥結した叙任権闘争の結末はどうなったでしょうか。この妥結をしたのは皇帝側はハインリヒ四世を窮死させたその子息ハインリヒ五世であり、現実に目ざめた皇帝でした。これに対した法王は、ウルバヌス二世と同じクリュニー出身のカリクトゥス二世でした。妥協の結果は双方に利益を与えるものでした。しかし、現実政治上の利害は長期的にみた精神的利害を考慮するものではありませんでした。その点からみると、法王権は皇帝権に勝ったのです。それというのも、皇帝側は、オットー一世以来久しくつづいていた教会に対する精神的支配権を放棄しているからです。具体的にいうと、皇帝は司教叙任に際して行われる司教候補への指輪と司教杖の授与という、ともに司教の精神的支配権の象徴を放棄し、世俗的支配権の授与だけで満足したのです。皇帝権（国王権も同じ）は世俗化し、皇帝、国王の司教に対する関係は単なる封建関係に化してしまうのです。これがウォルムス協約の最も重要な内容です。事柄はけっしてそのまま簡単に進みませんでした。しかし、十三世紀の法王権の隆盛は、このウォルムス協約（一一二二）を起点としたのです。

グレゴリウス改革の歴史的意味

以上がグレゴリウス改革の大筋です。しかし、グレゴリウス改革は中世期きっての大改革といわれています。したがってその後代への影響、歴史的意味についてのべておかなくてはなりません。

グレゴリウス改革の大きい意味については、イギリスの歴史家、バラクロウの解釈がわが国ではとくに有名であります。私はしかし、このとかくジャーナリスティックな歴史評価を行うバラクロウに最近あまり魅力を感じなくなってきております。その理由は今までの叙述の中でのべてきておりますが、彼には私が重点をおく秘蹟論争への理解が希薄です。第二に皇帝対法王の対立の内容について理解が浅いようにみえます。これらの点については、ドイツのテレンバハやシュレジンガー、ボイマンらの研究のほうがはるかに突っ込みが鋭く深いようです。私は、以上三人のドイツの歴史家と多少見解を異にしますが、大筋では同意できると思っています。

ともかくも、グレゴリウス改革は複雑な内容をもつ長期の問題でした。秘蹟論争はグレゴリウス主義者の誤りから始まり、クリュニー出身の諸法王によって一応収束されたようにみえます。しかし、ヨーロッパはこの論争により、また、それが与えた社会的混乱によって火がついてしまっておりました。これはもう容易に消しようもない大火となって十二世紀の異端運動を呼びさましました。グレゴリウス改革は、対立する皇帝、法王の両陣営にその理論的武装のため、さまざまの学問興隆のきっかけを与えました。批判的精神の起こりはここにあったといってよいのです。法学、とくにローマ法の復興という現象が起こり、これが両派に利用されました。教会はこの影響下に発達してまいります。こういった学問興隆はやがてヨーロッパの諸大学の興隆を引き起こします。これは、のちの今道友信、伊東俊太郎両氏の講義にまつほかありませんが、アラビアを通してのギリシア学芸の導入がグレゴリウス改革終了後、せきを切ったように起こってくるのです。

この改革が法王権伸張の決定的な第一歩であったことは先にものべたとおりです。それが社会の精神的覚醒につながったことについては、今野國雄さんの講義にまちましょう。しかしこの改革は、従来皇帝や国王の主要な国内政策の柱であった教会政策に大きい影響を与えました。そこからして、とくにドイツにおいては、新しい封建政策が、したがって封建制度の画期的発展を導き出しました。それればかりではなく、一方で封建政治が行われるかたわら、これをこえる国王独自の治安政策も出てまいります。これらはすべて十二、三世紀の重要問題となりますが、それらについては、私自身改めて（第Ⅸ章）お話しする予定でおります。

最後に、グレゴリウス改革については、主として皇帝と法王を柱としてお話ししてまいりましたが、改革そのものは主要国家のすべてに関係しており、例えば、聖職者叙任の問題については、ウォルムス協約に先立つ一一〇七年イギリスでウェストミンスター協約が結ばれているのです。その他の詳しいことは省略いたしますが、講義は一応ここで終わることとし、例によって木村さんとの対談に移ることにいたします。

■対談（Ⅳ）

堀米庸三
木村尚三郎

聖職者と秘蹟

木村　先生のお話は、結局、十二世紀のはじめにかけて、ヨーロッパ世界に起こりました一つの大きな精神運動としてのグレゴリウス改革と、それと一体となって起こってまいりました法王権と皇帝権との激突、対立というお話でありました。それを通じましてヨーロッパ世界は一つのキリスト教世界としての精神的な自覚に達したということがいえるわけですが、ここで少し堀米先生のお話の理解を助ける意味で私なりの解説を申し上げてみたいと思います。

中世ヨーロッパ世界はいわゆるキリスト教世界とされておりますが、そこでのキリスト教と申しますのは、今日われわれが知っておりますさまざまなキリスト教の宗派ではなく、カトリック教会がただ一つの教会を構成しております。それ以外のプロテスタントの諸派はまだここでは存在いたしておりません。そのカトリック教会の考え方は、神と人との間にカトリック教会という一つの聖職者の団体がありまして、これが神による救済の客観的施設である。こういうふうに理解されております。その教会を構成できるのは祈る人、つまり聖職者だけでありまして、神の恩寵が人に至る場合に、聖職者のとり行いますところの七つの秘蹟を通してはじめて恩寵の発現がある。こういうふうに理解されております。

先ほどの堀米先生のお話にも秘蹟という言葉がなんべんか出てまいりましたが、この秘蹟とは何かということを説明するのはたいへんむずかしいことです。要するに、この十二世紀のころ、秘蹟の数を七つに定めました。まず生まれたときの洗礼があります、それから信仰を固める堅振礼であるとか、聖餐礼、それから長じまして婚姻の儀式もそうですし、人が死ぬときに目とか耳とか口とか、ないしは額に油を塗る終油の儀式、それから告解、懺悔ですが、だいたい人の一生に生まれてから死ぬまで六つの大きな宗教儀式がありまして、これを通して神の恩寵が人に至るわけであります。あと一つは聖職者叙任ということで、聖職者になるための儀式があります。これが今日問題になった秘蹟の解釈についてのお話であったわけであります。

法王権と皇帝権

木村　ところで、そういったカトリック教会の組織自体がはっきり固まってまいりましたのが、まさに今日のお話のこの時期でありまして、一方においてこういったカトリック教会の組織が出てくると同時に、他方で皇帝権というものがそこで大きな姿を現してくるわけであります。

皇帝とは何かということ自体、これはまたご説明を要することでありまして、いわゆる国王という言葉が別にございますが、国王と皇帝は性格が違うわけであります。国王は地方の王でありますし、またそこでの有力者のなかでの代表者といった性格のものでありますが、皇帝のほうはそれよりもはるかに力が強いといいますか、まさに専制的な唯一の権力の保持者であります。こういった意味で皇帝という言葉が使われております。ギリシア語でバシレウスと申しますし、それから国王はラテン語でレックスと申しますが、この国王と皇帝とは、したがいまして理念の上においてたいへん性格が違う。フランスの国王であるとか、イギリスの国王であるとかいうものに対して、ドイツの国王なるものが皇帝というタイトルをもっていたわけで、この皇帝権なるものと、それからローマ法王権と、この二つのものがここで四つに組んで争ったという感じであります。

ところで、法王は、カトリック教会という一つの階層的な秩序のなかでの最高の位にあります。この性格は現在でもずうっとそうですが、こういった法王が、同時に政治的な力をも振るった。そういう意味で一番の最盛期がこの十二、三世紀であるわけです。そしてこの法王権と皇帝権のぶつかり合いのなかから、この前のお話にも出てまいりました楕円的な一つの中世世界の成立が見られるわけであります。

そこで先ほどの先生のお話について、もう少しご説明をいただきたいと思います。まずこの時代、教会自体が聖職の売買とか妻帯を禁止したような――これはグレゴリウス改革の前からあったわけですが――こういったカトリック教会自体がこの時代になって自粛をしたといいますか、精神界の施設として自分を高めたような気運はどういうところから起こってきたとお考えになりますか。

修道院の改革運動

堀米　それは退廃があれば教会自体の中からこれではいけないという気運が生まれるのは、いつの世の中でも当然であって、しかも、キリスト教会の場合にはそれがたいてい修道院から生まれてくるということです。イタリアでも隠修士ペトルス・ダミアニといったような人が、中部イタリアのヴァロンブローザというところにおりまして、そこの改革を中心にしてそういう気運が出てきております。いちばん大きな力をもったのが、先ほど申しましたクリュニーだということができる。クリュニーの精神は広い意味ではグレゴリウス改革というものを引き起こしてくる。そういうことはけっして間違いではないと思います。しかし、直接的に影響の問題を考えますと、先ほどの秘蹟の理解ということを考えても、どうしてもそういったふうにはならないので、私はドイツの学者に対してはその点、批判的なんです。

先に申しましたが、ヨハネス十二世という人はたいへん堕落した法王だったものですから、自分の情を通じた愛人の亭主に殴り殺されたというふうな話があるくらいです。そういうことへの浄化・改革気運はだいたい修道院から起こってきた。それとクリュニーの影響を受けたかもしれませんが、トゥールを中心にしたロレーヌの改革圏が重要である。そしてそのロレーヌの改革圏がさらに広がって、先ほどの西南ドイツのヒルサウの修道院などが大きな役割をつとめたのではないか、というふうに思いますが。

木村　その修道院ないしはカトリック教会全体が中世の精神生活を支配しえた原因として、確かに今おっしゃいましたように、例えば貞潔を保つということですね。つまりふつうの俗人であればなかなか耐えられないような妻帯をしないということ。それに聖職の売買などはしない。こういった清浄な性格が一つあろうかと思いますね。

と同時に、学問を知っているということですね。それから今お話しのように修道院がそういった改革の先端になっているということは、彼らは同時に農業的な先進技術の所有者でもあって、水車を回したり、犂を動かしたり、蜂蜜入りのパンを作ったり、当時としてはたいへんすぐれた技術をもっていたということですね。これが人々に尊敬される基盤として大事なものがあったんでしょうね。

堀米　何も宗教的な改革の気運が修道院にあったばかりでなくて、修道院というのは農業技術のすぐれた先行指導者でもあったことは事実ですね。先ほど話が出ましたヒルサウの修道院などは、その点で労働修士という俗人で助修士というような資格をもらいまして、そしてそこで改革的な生活をしながら農業を行うというので、ヒルサウの修道院はそれで発展したというんですね。ですから、世俗の領主たちは、その修道院に土地をまかせますとそこに立派な畑ができ上がってしまう。開墾もできる、収穫もあがる、というわけで南ドイツに百六十もの修道院がたちまちでき上がったというのは、そういった修道院の一面を語っているわけですね。

普遍主義と地方主義

木村　ところで、皇帝権と法王権という二つの普遍的な権威があるわけですが、皇帝権という名前はずうっと十九世紀のはじめ、ナポレオンが神聖ローマ帝国を滅ぼすまでつづくわけですね。実質的には近代の場合には皇帝権、法王権といった普遍主義は大きく後退して、むしろ国家ごとの地方主義がヨーロッパを支配したということがいえるわけですが、普遍を求める気持ちそのものはそのなかでも生きつづけていたというふうに理解したほうがいいのでしょうか。

堀米　それはいつもつねにだれにも意識されていたというようなことはもちろんないと思います。しかしながら、一つの信仰、一つの洗礼という考え方はキリスト教会に強いですから、そういうようなものを受けたところのヨーロッパ世界を象徴するものはいったい何であるか、ということになると、どうしてもそこに地上の唯一の支配者であるところのローマ皇帝が出てくる。だから、いってみれば、日本の天皇が日本の国民の統合の象徴であるというのと同じような意味において、ヨーロッパのそういった統合の象徴としても皇帝はあった。そしてこれが法王権と対抗せざるをえないということになる。そしてお互いの間の権利の分けあいが十分にはっきりしていないものですから、そこで争いが起こる。そしてその争いを通じていろいろな学問が起こってくる。グレゴリウス改革は単なる皇帝権と法王権との争いであるにとどまらない。

例えばその当時おのおのの立場を宣伝するためにパンフレットが盛んに出された。そのパンフレットが今歴史の史料に編さんされて大きな書物として三巻のものになっております。そういうことは結局、当時における学問であるとか、あるいは批判的な思想の起こりを示すものですし、同時にこの時代にローマ教会が自分の力を基礎づけるためにいろいろな古い典拠を探しているうちに、ローマ法に関する学説に関する重要な基本的な文献を発見する。それからボローニアの法学が起こり、それからまたボローニアに教会法の基礎であるところのグラティアヌスの教会法令集が一一四〇年に生まれてくる。こういうことはすべてグレゴリウス改革と結びついているわけですね。封建制度などもそうなんですが、それはまた別な機会に改めてお話を申し上げたいと思います。

木村　結局、そういった地方主義と同時に普遍主義がこのときに確立された、という意味で、このグレゴリウスの改革は、西ヨーロッパ世界の出発点としてたいへん重要な意味をもっているわけですね。

堀米　非常に重要な意味をもっていますね。

木村　どうもありがとうございました。

V 祈れ、そして働け——西欧の修道精神

今野國雄

改革を推進した修道士たち

前回は堀米先生から、グレゴリウス改革につきまして、その内容や性格、またそれが西ヨーロッパの精神形成に与えた非常に大きな影響などについて詳しくお話がありましたが、今日はこのグレゴリウス改革にたいへん関係が深いといわれております、修道院および修道精神などについてお話しすることにいたします。

約半世紀にわたったこのグレゴリウス改革には、実に多くの人々が参加したのでありまして、上はローマ教皇から——ローマ教皇というのはこれまではローマ法王というふうにいわれてきたと思いますが、これは英語のポープ（pope）、ラテン語のパーパ（papa）の日本語訳で、どちらも同じ意味でありますが、ここではキリスト教会のかしらという意味で教皇という用語を使ってまいります——下は、例えば一〇五七年から約二十年ミラノで教会改革をつづけたパタリア（「くず拾い」の意らしい）のような下層の民衆まで、このグレゴリウス改革にはほとんど無数といっていいほどの人々が参加いたしました。ただ、この改革のなかで中心的な役割を演じていく人々をみますと、修道院の関係者、あるいは

修道士の出身者という人たちが非常に多いのであります。例えば、グレゴリウス改革の先頭をきったローマ教皇レオ九世という人はローマ教皇になる以前、トゥールという町の司教としてこの地方に十世紀から行われておりました修道院の改革運動を約二十年にわたって指導した人であります。トゥールだけでなく、メッツとかヴェルダンといった町でも修道院の改革が行われていたのですが、このことからこれらの町々のあったロートリンゲン、フランスではロレーヌと申しますが、このロートリンゲンの改革精神がローマ教皇庁を中心としたグレゴリウス改革の主柱になったのだともいわれています。

このレオ九世がいっしょにローマに連れてまいりまして自分の側近にしたフーゴーという人も、やはりこのロートリンゲンの古くからの修道院ルミエルモンの修道士でありました。教皇ステファーヌス九世もまたロートリンゲンの出身で、しかも教皇になる前はイタリアの有名なモンテ・カッシノ修道院長でありました。また教皇アレクサンデル二世は、先ほど申しましたパタリアの運動を積極的に援助した教皇としてたいへんよく知られておりますが、この人も若いころはフランスのノルマンディーにありましたベック修道院の修道士でありました。ついでながら、そのころベックの修道院長をしておりましたのはランフランクスという人で、この人はいわゆるノルマン・コンクェストによってイギリスに新時代を開いたウィリアム一世の信任を得、やがてカンタベリー大司教としてイギリスの教会の整備に尽力した人物としてよく知られています。

話をもとへ戻しますが、このアレクサンデル二世は教皇になる前はルッカのアンセルムスと呼ばれておりましたが、この教皇の甥でルッカのアンセルムスという同じ名前の人がもう一人おります。このアンセルムスもやはりフランスのクリュニー修道院の修道士でしたが、自分の伯父である教皇アレクサンデル二世といっしょになってグレゴリウス改革を精力的に推進いたしました。グレゴリウス改革の名称の起こりであります教皇グレゴリウス七世も若い時代、ローマ市の七つの丘の一つであるアヴェンチーノの丘にありましたサンタ・マリアという名の修道院で教育を受けた人でありますし、また一説によりますと、一〇四七年ごろ一時クリュニー修道院にいたといわれております。また教皇ウルバヌス二世という人は第一回の十字軍を起こした人としてもたいへん有名でありますが、この人はフランスのランスでブルノーという人に学びました。このブルノーは、一〇八四年アルプス山麓のグルノーブルの近くに有名なシャルトルーズ修道会を開いた人で、ウルバヌス二世はこのブルノーの禁欲主義的精神を強く受け継いだといわれますし、事実ウルバヌスは一〇九〇年ブルノーをイタリアに呼び寄せて自分の顧問にしました。ウルバヌス自身もかつてはクリュニーの修道士で、そこから教皇の位に就いた人であります。グレゴリウス改革を進めるうえでの重要な理論家であった枢機卿のフンベルトゥスも、以前はロートリンゲンにあるモワィアンムーティエ修道院の修道士でありました。このフンベルトゥスと理論的には必ずしも同一歩調をとらなかったのではありますが、グレゴリウス改革ではやはり重要な役割をはたしたペトルス・ダミアニも、若いころはフォンテ・アヴェラという修道院で修行し、後に教皇アレクサンデル二世によって枢機卿に任ぜられた人であります。

このように比較的よく知られた人たちだけではなく、例えば南ドイツのシュヴァーベンにありましたヒルサウ修道院およびその傘下にありました一五〇ほどの修道院の修道士たちも、グレゴリウス改革では逸することができない貢献をいたしましたし、またイタリアのフィレンツェの郊外にありましたヴァロンブローザ修道院とその末院も、反シモニアの運動で大いに活躍いたしました。

このようにみてまいりますと、これら修道士とグレゴリウス改革とがたいへん緊密な関係にあったことがわかるわけでありますが、それはふつうニコライズムとかニコライティズムといわれている聖職者の妻帯、およびシモニアといわれている聖職の売買の禁止をめざしたグレゴリウス改革の精神と清貧・貞潔をめざした修道士の禁欲的精神および道徳的厳格主義とが、その精神的態度において非常に多くの共通点をもっていたことによるのだろうと思います。

この修道院は司教座聖堂や教区教会と並んでキリスト教界を支えてきた大きな柱でもあり、信仰生活の代表的な一形態でもありますが、それだけではなく西ヨーロッパ社会の歴史的発展のうえで数々の大きな貢献をなしてまいりました。すなわち、修道院はキリスト教界の中にありまして、たえず教会刷新のエネルギー源となり、いわば信仰の砦となってきたばかりでなく、学問や教育の場として、あるいは文化の保存や伝承の場として、あるいはその所領の管理や開墾による生産センターとして、物心両面にわたって社会に不可欠の役割をはたしてきたわけであります。

〔教区聖職者（secular clergy）と修道士（monk）〕　教区教会で信者の教化にあたる司祭、助祭などの教区聖職者と修道院で自己救霊の苦行に励む修道士とは制度上も理念上も異なった存在である。前者は信者のために洗礼、結婚、終油などのサクラメントを施したり、ミサや告解聴聞を行ったりして信者の心の救済の仲立ちをするが、後者は清貧・貞潔・服従を誓い、修道院に定住して一般に信者と接触することは少ない。しかし、教区聖職者が修道士のように共同生活を営むようになった場合、彼らは律修聖職者とか聖堂参事会員（canon regular）と呼ばれ、修道士に似た生活をするが、その場合でも彼らは修道士ではないから「聖ベネディクトゥス会則」（一四六～一五一頁参照）に準拠することができず、「聖アウグスティヌス会則」のような司祭用の規定を用いた。プレモントレ会やドミニコ会は修道会という名をもっているが、修道士ではなく教区聖職者の集団である。

禁欲主義と神秘主義の修道士精神

修道院のこうした活動の担い手であった修道士の精神とはいったいどんなものなのか。その基本的な要因なり性格はどう考えたらいいのかといいますと、それについてはおそらく大づかみにいって二つ考えられるだろうと思います。一つは修道士の禁欲主義的精神であり、もう一つはその神秘主義的な精神、この二つが基本になるだろうと思います。

禁欲とはいうまでもなく、人間がもっている根源的な、あるいは本能的な欲望、すなわち衣食住の欲望や肉欲を抑制するということでありますが、生きてゆく存在としての人間にとって大切なこと、価値のあることは人間の肉体的欲望を満たすことではなくて、心の平安を得ることであり、そのためにはその肉体的欲望をできるだけ抑制しなければならないし、また魂の純化に努めることが必要であるということからこの禁欲主義の考え方が出てくるわけですが、修道士の場合、これがどう生活の上に表れるかといいますと、例えばできるだけ衣食住に貧しさを徹底させるという形になって表れるわけでありまして、修道士の守るべき徳目の一つとされております「清貧」はそこに由来するのであります。また、修道士は誘惑の多い外界、俗世からできるだけ離れたところに住み、しかもそこに一生涯とどまる、という「一所定住」というもう一つの徳目となって表れます。また男性は女性から、女性は男性からできるだけ離れてこれを避ける、そういうことからいわゆる「童貞」とか「貞潔」とかいう修道士の第三の徳目が出てくるわけであります。そして、こうした努力によってこそ人間がもともともっている罪は贖われて魂の救いがもたらされる、というのがこの禁欲主義の考え方であります。

もう一つの神秘主義のほうはどうかといいますと、人間は神に似せてつくられたもので、いわば神の分身であり、したがって人間は神聖さ、つまり神の性質を分かちもっている神秘的な存在である、という考えがこの神秘主義の基礎になっております。そして、人間の心に映し出されているその神を求め、それに憧れ、それに近づき、ついにはそれと一体になろうとする人間の欲求が神秘主義の働きでありまして、それが修道士の場合にどういうふうに表れるかと申しますと、修道士はそういう希求に支えられ、神の恩寵を求めるために祈りに専心したり、あるいはそういう想念を深めるために瞑想を行う、という形をとるわけであり、修道院で行います聖務日課などはこれを最もよく表現している、といえるでしょう。

修道院の起源と発展——エジプトからヨーロッパへ

こうした精神的特性と表現形態とをもっている修道士が生活する修道院が、ヨーロッパでどのようにして発展してきたかということはたいへん複雑で捉えにくいのではありますが、その最も初期のものはキリスト教以前にさかのぼるとさえ考えられています。戦後、死海のほとりで偶然発見された「死海文書」というものによりますと、死海の近くに今でもその遺跡が残っているクムランの僧院こそキリスト教的修道院の原型をなすものではないか、といわれていますが、ここに住んでいた人々はユダヤ教の一派であったエッセネ派と想定されています。しかし、この「死海文書」によって知られるかぎりは、その生活の

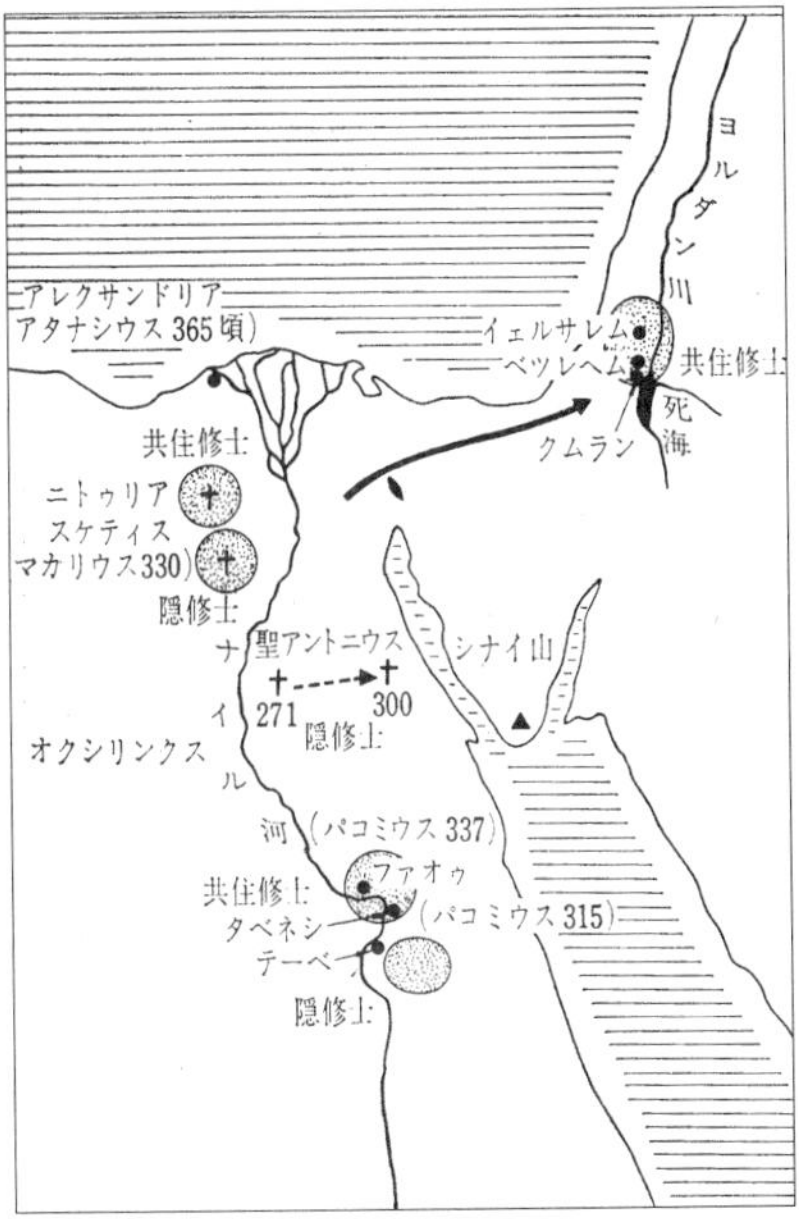

図V-1　修道制発祥地図

仕方は後のヨーロッパの修道院にかなり近い存在の仕方をしていたと判断されます。

とはいえ、一般には修道院は三世紀の中ごろエジプトから始まり、次第にシリアから小アジアのほうに伝えられた、と考えられております。「修道制発祥地図」〈図V-1〉に示されているように、エジプトのちょうどナイル河中流地帯が最初に修道院のできたところで、その創設者は聖アントニウスであるといわれます。その後テーベのタベネシというところではパコミウスが共同生活の修道院を建て、またアントニウスの弟子のマカリウスとアンモンとはナイル河の下流のスケティスとニトゥリアに修道生活をもたらし、これがさらにイェルサレムからシリアをへて、カッパドキア、小アジアというふうに進んでいくわけであります。

〈聖アントニウス（二五〇～三五六）〉　修道制の父といわれる。中部エジプトのコマという町に生まれ、二〇歳ごろ聖書の中で「汝もし全からんと思わば、行きて汝の持ち物を売り貧しき者に施せ、さらば宝を天に得ん。かつ来りてわれに従え」（マタイによる福音書、第一九章第二一節）を聞いてこの世を捨て地下墓地で約十五年、さらにピスピルの山で約二十年苦行し、晩年はアントニウス山に隠棲しながら弟子たちを指導した。彼と親しかったアレクサンドリアの司教アタナシウスが書いた「アントニウス伝」は西方でも広く読まれて、修道制の発展に貢献した。この長命の隠者が修行中に悪魔や美女に誘惑されたという話は、中世末期から近代初頭の画家たちに好んで描かれる画題となった。

ヨーロッパの西のほうでの進み具合は「修道制発展地図」〈図Ｖ－２〉の示すとおりですが、その一つのきっかけをなしますのは、アレクサンドリアの司教をしておりましたアタナシウスがアリウス派との論争でその反アリウス主義のために、三三六～三三七年ガリアのトリエルに追放された事件で、彼のトリエル滞在とこのとき彼がそこに持っていった『アントニウス伝』とが、この西ヨーロッパの中心部にエジプト修道制の最初の種を播いたといわれています。それから約半世紀ほど経てからのことでありますが、当時イタリアにおりましたアウグスティヌスがトリエルの修道士たちの修行ぶりを聞いていたく感動し、それが契機となってアウグスティヌスは修道制を北アフリカのヒッポにもたらすことになったと伝えられます。このほか、エジプトの修道制はヨハネス・カッシアヌスとか、ヒエ

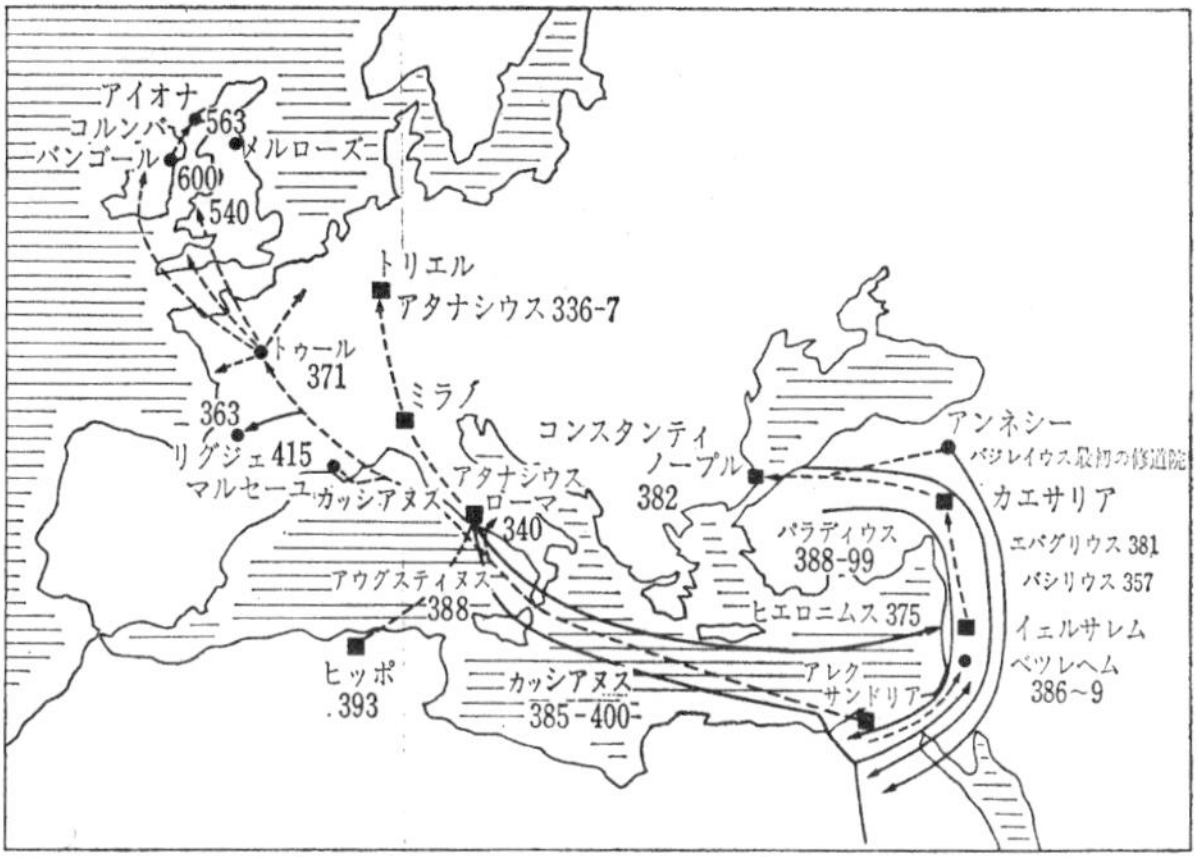

図V-2　修道制発展地図

ロニムスとか、ルフィーヌスという人々の実践活動や著述活動によって西方に伝えられていきますが、西方での修道制の初期の中心になるのはマルセーユ付近、ローヌ河流域、それにレランス島を含む一帯がその一つであり、もう一つの中心はロワール河中流の町トゥール——これはロートリンゲンのトゥールとは別の町——とその近辺で、ここに修道院を開いたのは今でもフランスの守護聖人とされているマルティヌスで、彼がまだローマ軍の騎士であったころアミアンで乞食に外套を与えた話は有名です。この二つの中心からさらに修道制は、ニニアンやパトリックによってスコットランド北方およびアイルランドに伝えられ、そこにしっかり根を下ろします。そして六世紀の末になりますと、今度は逆にアイルランドおよびスコットランドから大陸に伝道に渡ってきたコルンバヌスやその弟子の修道士たちによってガリアやゲルマニアに修道制が普及することになります。

このようにして、六世紀ごろまでに修道制は西ヨーロッパのほぼ全域に広まるようになりましたが、この時期までの修道制はさまざまな形態をとっておりまして、ただ一人で荒野や山岳で生活するいわゆる隠修士のやり方、あるいはパコミウスの場合のように共同生活をするもの、あるいはシリアで修道士シメオンが行ったような高い柱の上で修行する方法、あるいはパレスチナにあったように小家屋の集合から成るラウラと呼ばれた敷居修道院などいろいろありまして、しかもこれらオリエントでの諸形態はほとんどそのまま西ヨーロッパに伝えられ、東方と同じように実現されました。ですから、この段階までの修道制は西方においても、とくに西ヨーロッパ的な特徴を備えた修道制になっていたわけではありませんでした。

聖ベネディクトゥス会則と西欧精神

ところが、六世紀の中ごろ、より正確には五三〇年ごろイタリアの中部にあるモンテ・カッシノ修道院長であったヌルシアのベネディクトゥスがいわゆる「聖ベネディクトゥス会則」というものを作成します。この会則が西ヨーロッパの修道院で広く採用されるまでには、このときからなお一世紀以上の時間の経過を必要としましたが、ともあれこの会則は従来の修道制とはかなり違った性格を打ち出したものであり、またのちには西ヨーロッパ修道制のマグナ・カルタといわれるほど、西ヨーロッパでは修道士にとってほとんど唯一の基本的準則になりましたから、この会則の出現は修道院の歴史上の重要な転換点をなすものだといってよいでしょう。

もちろん、ベネディクトゥスの修道会則にはパコミウス、カッシアヌス、アウグスティヌス、バシレイウスの修道会則など、従来のものからの影響は相当強くありましたし、またとくにベネディクトゥスとほとんど同時代の人であるカッシオドールスが作成したとも伝えられている「レグラ・マギストリ」（「賢者の会則」という意味）からはかなりの部分を利用したといわれております。ちなみに、カッシオドールスが南イタリアのヴィヴァリウムに五四〇年に建てた修道院の図書館は、その豊富な写本の作成と保存、図書の周到な整理と効果的な利用によって、西ヨーロッパの修道院図書館の手本となり、修道院における文書保存と学問愛好の伝統を確立するものであったことも注目すべきでありましょう。

〔四大会則〕　キリスト教の修道会や聖堂参事会が依るべき最も基本的な戒律は「聖バシレイウス会則」、「聖ベネディクトゥス会則」、「聖アウグスティヌス会則」および「聖フランチェスコ会則」のいわゆる四大会則である。「聖バシレイウス会則」はカエサリアの司教バシレイウスによって作成され、ギリシア正教に属する修道士たちに遵守されている。「聖アウグスティヌス会則」ははたしてアウグスティヌスの手に成ったものかどうか問題があるが、歴史的には十二世紀以後聖堂参事会員によって広く用いられた。「聖フランチェスコ会則」はアッシジの聖フランチェスコが一二二一年に作成し、枢機卿ウゴリノ（のちの教皇グレゴリウス九世）が修正を施し、一二二三年教皇ホノリウス三世によって認可されたもので、托鉢修道士（mendicant friars）という修道形態が従来のどの修道規定にも適応しえないものであったため、一二一五年の第四ラテラノ公会議が新会則による修道会の設立を禁じていたにもかかわらず、認可された。このほかに各修道会ないし修道院は会憲、慣習法、条令などを作成して会則を補足し、それぞれ独自の伝統を保持した。

ともあれベネディクトゥスの会則は、従来のオリエント的色合いの濃い会則と違った、いわば西ヨーロッパ的といってよい特徴をはっきり示していますが、その特徴をイギリスのダヴィット・ノールズという歴史家は次のように要約しております。

すなわち第一に、この会則はすぐれて現実的であり、また簡潔である。これは修道院のどんな仕事にも、どんな年齢や階層の修道士にも適応するものである。第二に、精神的な面では堅忍不抜であるけれども、肉体的な面では穏健で柔軟であって、個人的な功績よりも共同生活の調和を求めている。第三に、人生のさまざまな問題について修道院長や修道士に指針を与える精神的で人間的な叡知が意味深長な短文で表現されている。

以上の三点にその特徴があるとノールズは申しておりますが、いずれにせよベネディクトゥスはそれまでの非常に個人主義的な色彩の強い、また極端に禁欲主義的な修道規定を

図V-3　シトー修道会所属修道院の分布地図（1130〜1300）

中庸で実際的な、そして人間味のある性格の会則に改め、食事、睡眠、衣服などについても妥当な配慮をし、さらに修道生活に集団的で組織的な性格を強く与えた、ということができましょう。

　とくに西欧精神の形成という点からみて注目されることは、ベネディクトゥスが修道生活における集団性と労働とのもつ意義を重視したことであります。この二つの性格はともに修道院を西欧の中世社会にとって不可欠の存在たらしめたものでありますし、特に十二世紀以降修道院が西欧社会の形成と発展にいっそう大きな貢献をなすに際し、この二つのものはその飛躍板《スプリング・ボード》の役割をはたしました。なかでも、ブルゴーニュのシトーに本院のありましたシトー修道会は「聖ベネディクトゥス会則」を文字どお

図V-4　労働するシトー派修道士
（写本の飾頭文字。*Le film de l'histoire médiévale* より）

り厳格に遵守した修道会であり、しかもそのすぐれた組織力によってすでに十二世紀中ごろに三百四十を超える末院をほとんど全ヨーロッパにわたってもつほどに発展しましたが、そのことは「シトー修道会所属修道院の分布地図」〈図V－3〉が如実に示しております。このようにこのシトー会は全ヨーロッパに拡大しながら、同時にこの修道会の修道士たちはことのほか労働に励んだだけに、至るところで開墾が進み、牧畜が盛んになり、これによってヨーロッパの生産力は飛躍的に増大いたしました。彼らの写本に描かれた飾頭文字の労働する修道士の絵〈図V－4〉は彼らの開墾・麦刈り・鍛冶仕事の姿を実にリアルに示しており、この修道会で労働が非常に重視された様子がよくわかります。彼らが清貧に甘んじながら、このような姿で黙々と働いたことが西ヨーロッパの人々に労働の尊さを教えることになったばかりでなく、また彼らがそのすぐれた農業技術を直接、間接に農民に伝えたことも、見逃されてはならない彼らの貢献といえましょう。

さらにまた「働かざるものは食うべからず」（「テッサロニケ人への第一の手紙」第三章第一〇節）という修道士の労働倫理は、近代初頭の中産的農民や産業家に姿を変えて受け継がれ、資本主義発展期の彼らの労働倫理の中核になったということですから、修道士や修道院は十二世紀西欧の革新にとってだけでなく、近代西欧の精神形成にとっても無視しえない役割を演じたのではないかと思います。

西ヨーロッパにおける修道制の発展の概略やその精神的特性はだいたい以上のようでありますが、とくに十一世紀後半以後に新たに出現した修道会の修道士たちは、清貧と禁欲の精神を徹底することによって、教会の浄化を目指すグレゴリウス改革と共鳴して、それに大きな機動力を与えることになったし、したがってこの改革に修道士出身者の多かったこともけっして偶然ではなかったことも同時におわかりいただけたと思います。

一応ここで私の話を終わることにいたしまして、なおこれに関連した問題などについてほかの方々とお話し合いをしたいと思います。

■鼎　談（V）

堀米庸三
今野國雄
木村尚三郎

木村　ただ今、今野さんから、「祈れ、そして働け」と題しましてヨーロッパの修道院のあり方についてお話がありました。たいへんわかりやすいお話だったと思いますが、お話の内容をまとめてみますと、ヨーロッパの修道院のあり方が元来オリエントから発しておりながら、オリエントとは非常に違った特性をもつに至ったということ、つまり、エジプトから発した個人主義的ないしは禁欲主義的な生活をさらに一歩進めまして、社会的な、また実践的な性格を強くもったということであります。そこにおきまして、修道士たちが集団によって祈り、そして働く。そこでまた労働が非常に重視されていた。これがまた近代精神に大きな影響を与えたのではないか、というお話であります。

こういったヨーロッパの修道院のあり方が、この間堀米先生からお話がありましたグレゴリウス改革ともまた密接に結びついているというわけでありまして、この修道院のあり方を考えることは、同時に西ヨーロッパの精神ないしはキリスト教的精神を理解するうえに、たいへん大事なポイントであろうと思います。

今野さんご苦労さまでした。今、修道院についてのだいたいのお話がございましたが、もう少し具体的に修道院の生活その他でつけ加えられたいようなところはございませんでしょうか。

無私の精神と意外に豊かな生活

今野　ヨーロッパのとくに十一世紀、十二世紀を問題にする場合には、そこまでに至る修道制の発展よりも、当時に特有な問題を考えるほうがむしろいいかもしれません。十一世紀ごろまでにさまざまな社会の動き、例えば聖者・聖骨崇拝とか、聖地巡礼とか、「神の平和」運動とかが盛んになって信者の信仰心が刺激され、また禁欲主義的な傾向が東方から隠修士や修道士に影響を与えて修道院改革運動の導火線となり、それらがいっしょになってあのグレゴリウス改革を支え推進する大きな力になったこと、その点がこの講義が全体として問題にしている十一世紀、十二世紀という場合には注目すべきことだと思います。

木村　修道士の一日の食事はパン一ポンド、料理二皿、果物ないし野菜、それから約一合半のブドウ酒などということも決められていたようですが、実際の修道院の生活を考えてみますと、その当時の農民の衣食住とか生活に比べますとかなり程度が高いような気もするわけです。修道士というと、ふつうはチャスティティ・ポヴァティ・アンド・オビーディエンス、貞潔と清貧と服従といわれておりますが、清貧とは必ずしも貧困という意味ではありませんね。農民のほうは、ポタージュという一つの大きな鍋に野菜だの雑穀、オートミールの類を入れまして、家畜の乳といっしょに煮ている。これが主食であって、それ以外にパンを毎日食べるということは当時あまりなかったのではないかと思います。そういう点で具体的な修道院のあり方を考えてみると、十二世紀のヨーロッパとしてはいちばん先進的な生活を営んでいたという面もあるのではないでしょうか。

今野　ベネディクトゥスの時代にはその程度のものだったのですが、十二世紀にはおそらく食料も衣服もずっと豊かになっていたのではないでしょうか。先ほど話に出ましたペトルス・ダミアニという人は最初は隠修士としてたいへん厳しい禁欲的な生活をした人ですが、後に枢機卿に任命されローマ教皇の特使として、当時の代表的な修道院でありましたクリュニーを訪れたとき、この修道院の御馳走の豊富なのに驚いた、という話が伝えられておりますから、一般の農民などに比べれば、精神は清貧だったのでしょうけれども、実際にはかなり豊かな生活をしていたかも知れません。

堀米　その場合、清貧ということ自体の定義が先ほど今野さんもおっしゃいましたけれども、それが問題なのですね。ただものを持たないとかいうことではなくて、自分の私有の財産を持たない、蓄財をしないということですね。それで、ものがあってもすべて修道院なら修道院自体に捧げてしまう。自分のものはそこから配給されるもの以外には何もないという意味で、自発的な財産の所有の放棄である。その点がいちばん大事な点だと思いますね。

それからまた、ペトルス・ダミアニの話が出ましたけれども、ペトルス・ダミアニはイタリアの隠修士だったわけですが、しかし、その後グレゴリウス改革に参画するようになってからクリュニーを訪れたんですね。そこで彼がいうのには、クリュニー修道士たちは、一日の勤行といいますか、ミサなりなんなりのそういう神を賛えるためのさまざまの聖務日課がおそろしく大変なものであって、そのためにあの御馳走をもってしてもなおかつ足りないのではないか、といっているんですね。ですから、それが当時の一般の生活からみてどのくらい高いものであったか、それはよくわからないと思いますが、私はさほど高いものであったとは必ずしもいうことはできない。ただ、クリュニーは、その当時はヨーロッパで第一の教会の中心といいますか、キリスト教の中心である。むしろローマよりも大きかったのではないかといえるくらいのキリスト教生活の中心です。しかもクリュニーというのは、千何百かの自分の支修道院を持っている中心ですから、そこには特別な生活があったということは考えられます。

それからもう一つは、修道院というのは、信仰が衰えたとき、あるいは規律がたるんできたときに、これを起こしたり締めたりするという役割をしたということについて、先ほど今野さんからお話もありました。しかし、ある期間がたち、そういう修道院の名声が高まると必ず全ヨーロッパの信者たちが集まって、そこにいろいろな喜捨をするというところから富み栄えてしまうわけですね。そのために必ずそこに退廃が起こる。ですから、クリュニーもシトーも一世紀足らずの間にものすごい拡大をしてしまう。そして今度はあれほど厳格な会則の実行を心がけたシトーでさえもそこにぜいたくが忍び込んできて、いろいろな問題が起こるということです。そういう点からいいますと、一般の生活からみればかなりいい生活をしていたということもいえるのではないかと思いますね。

働かざる者食うべからず

木村　堀米先生がおっしゃいましたように、修道院では個人の財産を持たないということですが、それをいい換えますと、まさに法人組織であって、個人個人がその法人の中で生きているわけですね。しかも、この十二世紀のころを考えますと、修道会で国際組織が起こっていますね。そういう人々が集まり、住み、そして新しい世界を開いていくという意味ではたいへん先進的な経営形態をとっていたということがいえるのではないでしょうか。

堀米　それは確かにそうですが、それは同時にいわゆる愛の共産体とか共同体とかいわれるように、全部の財産を一人の修道院長の管理のもとにおくわけですから、そういう意味では、ふつうの生活とはだいぶ違った面があると思います。しかしそれにしても、中世の修道制あるいは修道精神の大きな意味は、何もグレゴリウス改革だけではなしに、先ほど資本主義の精神、資本家の精神的な支えというものまで提供したというお話がありましたけれども、そういう大きな関連で考えてみましたならば、古代あるいは東方では依然として古代的なままにとどまった勤労の蔑視から、西欧の勤労観というものに転換をもたらした非常に重要な契機になっているということをいわなければならないと思うのです。

古代では勤労は奴隷あるいは召使いのするもので、一般の人間はしない。ことにギリシアやローマの場合にはそうですね。ですから、貴族などにとっても許された唯一の労働は、多少農業的なものに手を染めるというくらいで、しかもその農業も自分で鍬をとってするということはまずない。そういうことについては、何か古代人はひどい蔑視感をもっていますね。ですから、そういう観念が西欧近代の勤労観に変わるために何がその間にあったのかといえば、どうしても中世のベネディクトゥスに始まる勤労精神の尊重が考えられなければならない。そういう意味で、修道院は宗教的な問題ばかりでなしに、西欧的な精神を一般につくり上げるうえに大きな意味をもっていたのではないか。こういうふうに考えるべきですね。

今野　聖書の中には先ほど申しましたように、「働かざる者は食うべからず」という言葉があって、それが修道士たちの労働に対する考え方の出発点だといわれておりますが、聖書はキリスト教会では東のギリシア正教でも西のローマ・カトリックでも共通なものですから、とくに西ヨーロッパでそういうことが出てくるということを考えますと、やはりそれが西ヨーロッパで根づいていく、もっと別な条件があったのかもしれません。

その点からいいますと、例えば西ヨーロッパで修道院が拡大していく時期に、西ヨーロッパがちょうど農村社会として新しい社会形成をするという状況にありまして、修道院に多くの土地が寄進される。それが農地であればそれで自活する、それが未開地であればそれを開墾する、という労働の実際的必要と効用とがそこにあり、さらに十二世紀になると人口の増加、都市の勃興、商業の復活などという新しい事態を前にして、修道院が未耕地を開拓してそこで衣食住の原料や製品を生産していくことが社会的にも要請されるという条件があり、それらの相互関連の中で労働の倫理が西ヨーロッパ社会のものになっていくのではないかという気がするのですが、どうでしょうか。
木村　そうですね。まさに森の木を切って、そこに重い犂で畑を耕して、水車を回し水を引いてくる。ああいう技術はみんな修道院が農民に教えているんですね。そういう意味では、当時のエリート中のエリートという性格をもっていたということもいえるのではないでしょうか。
堀米　非常に近代的ないい方をすればね。この前グレゴリウス改革のときにちょっとお話ししたのですが、例えばヒルサウでは助修士というのを使いますね。これは俗人の身分にとどまりながら、しかも修道士と同じような生活をする。そして仕事はもっぱら開墾あるいは耕作ということであって修道院のためにやるわけです。こういう修道院ならば自分の土地をまかせてもいいだろうということで、そのためにたくさんの助修士がヒルサウの修道院に土地を寄付する。そしてたちまちのうちに百五十もの修道院ができてしまったという話ですね。
木村　あの助修士というのは、お祈りはしないで労働ばかりしているわけですか。
堀米　お祈りはもちろんしますが、普通の修道士と同じ聖務日課に服さないわけですね。
木村　シトー派修道院がやはりそうですね。そういった労働修士をちゃんと使っていますね。そういう意味では、当時の人々が考え及ばないような生産と労働の仕組みを作っていたのではないでしょうか。
堀米　ちょうどそれが十二世紀というヨーロッパで、新しいまとまった村、集村という形態ができ上がっていくその時期にあたっているわけですね。それで、ちょうどそのときにはこの前の木村さんのお話にもありましたように、ヨーロッパの農業上の技術革新というものが行われて、集村というものは集住形態がいろいろな意味で可能になってきた。そういう時期にあって、修道院というものが他方に出てきて、そういう技術的な革新を実際に利用して新しい農業を営む方法を率先実行するという役割をもったわけですね。

共同生活に駆り立てたもの

木村　ところで、これはちょっと難問かもしれませんが、修道士なるものが世俗から離れて彼らだけで共同生活を営みますね。彼らをそう駆り立てたものはどこに原因があったのだといえるでしょうか。俗人といいますか一般の社会から離れて共同生活を営み、開墾その他をして、祈り、働けと。そこまで駆り立てたものをどういうふうに考えたらいいのでしょうか。

堀米　それはなかなかむずかしい。

今野　なかなかむずかしい問題ですね。やはり人間のあり方、どういうふうに生きたら自分たちにはいちばん理想的なのかという点を考えたとき、魂の救いというのでしょうか、現代の人にはあまり縁がないことかも知れませんが、それこそが人間にとって大事である、そのためにはいったいどうすべきかということで、こうした形が出てくるのではないでしょうか。

堀米　それはいろいろな条件とか理由とかいうものが考えられると思いますが、しかし当時のヨーロッパからみますと、ヨーロッパにただ一つの宗教しかない。もちろん土俗の宗教の残りがどこにもありますけれども、しかし、そういったものが全部キリスト教的に解釈し直される。そういうことになりますと、信ずべき事柄はすべてキリスト教からしか出てこないわけですね。そういうことになりますと、人間がキリストによって贖《あがな》われたこの世というものの中に生きるためにはどうしたらいいか。そしてまたそこで罪を犯すということはどうしてもやむをえないことであるならば、われわれの魂の救いはいったいどうなるか、という問題が何といっても非常に重要な問題になってくる。だから、そのほかの社会的ないろいろな問題が考えられ、また啓蒙的な説明が行われますが、やはりそういうようなキリスト教のあり方がいちばん中心に考えられなければならない問題だと思います。

そこで、もう一つそれに関連して出てまいりますものは、ベネディクトゥスの会則のもった特殊西欧的な意味ということなんですが、今野さんはそのことを「集団性」という面で捉えられたわけですね。東方の修道制は集団主義的というよりも非常に個人主義的な、個人だけで禁欲と瞑想の生活をするということであったのですが、非常に選ばれた人々、非常にすぐれた人々にそういう単独的な生き方も可能だけれども、しかし、これを一般化するということは非常にむずかしい。というのは、ふつうの人間が単独で理想的な修道の生活をするのは非常に困難なわけですね。どうしても人間の性の弱みがあるわけですから、ベネディクトゥスの会則が非常にあとまで大きな意味をもちえたというのは、そういう人間的な弱みを十分に理解したうえで集団的な生活を作ったことにあるというふうにふつうはいわれますね。

木村　その弱みをヨーロッパ人が実感したということ自体、何か生きるうえでつきつめた気持ちがあったということはありませんか。自然に対する恐怖とか、一人では生きられない状況が実際にあって、狼に食われるとか飢えが迫っているとか、そういう状況のなかでともかくいちばん頭のいい人たち、文字も知っており、技術も知っている人たちが結束しあって、新しい住みかを作っていく。明日を考えないと生きられない思いつめた気持ちがあったということは考えられませんか。

堀米　そのように考えるとまた別の問題にまでつながってくるように思います。その問題はおそらく別な問題を考える際に考えたほうがいいのではないかと私は思いますね。

木村　実はなぜそういうことを申しましたかといいますと、私たちには修道院というもののあり方がなかなかわかりません。日本の仏教を考えますと、必ずしも現世を積極的によくしていこうという気持ちがなくて、むしろ来世の極楽を考え、蓮の台《うてな》にのっかることを中心に考えると思うのです。そこのところがヨーロッパの修道院は非常に現実的で、積極的、組織的に世の中を変えていくという力をもっていますね。そのことは、現状に満足できない気持ちがどこかにあるからだという気が私にはするのですが。

堀米　それも一つの解釈かもしれませんけれども、しかし修道院の基本的な理想は禁欲ということと瞑想の生活ということもありますけれども、同時に人間がたえず神によって贖なわれたこの世に対して、神に対する感謝を捧げ、神の栄光を賛えるということがいちばん大事な問題である。そのこと自体がわれわれにとって非常にぴったりと受けとれる説明だとは思いませんけれども、しかし、ヨーロッパ人とくにクリュニーあたりの修道精神のいちばん基本にあるものは、神の栄光を賛えるという精神ですね。ですから、そういうふうなことを考えますと、木村さんがおっしゃったことをそれとどう結びつけていいのか、その問題はかなり微妙だと思うのです。

木村　その神もやはりそういった一つのものを求める気持ち、そういう明日を考える気持ちということではないかと私は思うわけです。

修道院の地理的位置

木村　ところで、十二世紀には今までの修道院と違って国際性が出てまいりますね。つまり国際的な修道会の組織が出てまいりますが、だいたいどのくらいの地理的間隔でヨーロッパに同じ系統の修道院が出てくるのでしょうか。

今野　シトー修道院の場合は、十二世紀の中ごろのことですが、新設修道院は既設修道院から一〇里《レウカ》（一レウカは約四キロメートル）以上隔たっていることが原則で、他の修道会所属の修道院との距離は四 里《レウカ》なければならないとされていました。また各修道院が持っていたグランギアと呼ばれた所領がありますが、この所領と修道院、および所領と所領との距離は二里《レウカ》という決まりがありました。それは放牧権などで修道院間に係争問題が起こることを避けるとか、所領についてはその管理上、修道院から一日で往復する行程内にあるといった意味があったようです。このようなことは毎年一回開かれた修道会総会の決議規定の中に出ています。

木村　ということは、一つ一つの修道院がそれぞれ独自の世界をつくっていたということなんでしょうか。

今野　そういうことですね。

堀米　それで、修道院があとからあとからと作られていきますから、だんだん距離が小さくなったり、あるいはその間に村ができたりしますので、ある一定の距離をおけば修道院が出てくるというような格好になるかもしれませんね。ふつうの道から離れて山の中に入ったのが、いつかそこに道がついてというふうなこともありましてね。ですが、おそらく十二世紀、まあ中世のキリスト教生活が最高潮の時期には、今いったようなかなりふつうの世の中から隔離されたような場所に修道院があったのではないでしょうか。例えばシトー修道院などは今は場所さえもほとんどなくなってしまっていますし、クリュニーも今は田舎みたいになっておりますけれども、たいていの有名なところは非常に大きな人口がやがて集中してきて町になる。もとは山の中に建てたと思ったのがたいへん人間のよく集まるようなところになった、というふうなこともありますので、地形上の問題はなかなかむずかしいと思いますね。

木村　今、私たちが修道院を訪ねようとしますとたいていい苦労しますね。車がないとなかなか行かれないところに建っていますね。

堀米　それがだんだんそういうようにして世俗化してくれば、それを離れてもう少し遠いところに土地を求めていくということになって、そうなるのではないかと思いますけれども。

修道院の経営と生産

木村　それにもかかわらず、また食べ物に戻りますが、修道院は、シャルトルーズやベネディクティンなど、リキュールの美味しいのを作っておりますし、ブドウ酒も上等のものを作っておりますね。

今野　ブドウ酒はミサ聖祭に欠かせないものですから、修道院には長い醸造の伝統がありましたし、のちにはそれを売って修道院のさまざまな費用にあてるということもあって、美味しいものが作られるようになったのではないでしょうか。

堀米　修道院経済は非常に重要なものですからね。

今野　非常に丹念な管理をしています。それは明らかに市場用だと考えていいわけですね。その合理的な経営の仕方をみますと、そこには何か近代的なものさえ感じられます。

堀米　経営観念というものをある程度もっていますね。だが、それにもかかわらずユダヤ人に金を借りて倒産する修道院がたくさん出てまいります。それからまた今はシャルトルーズとブドウ酒のお話が出ましたが、ドイツにまいりますと美味いビールはみんな修道院の醸造ですね。例えばミュンヘンで有名なビールのもとはみんな修道院からです。もっともミュンヘンという町自体が修道士モナクスという言葉から出てきているわけですからね。ですからそういう意味では、修道院はいろいろなところに影響を残していますけれども、同時に、これは国とかそういうものをこえた一つの組織になっておりまして、これがカトリックの教会と同じようにヨーロッパを一つにつくり上げていくための重要な役割をもった組織であった。そして、それがヨーロッパの発展とともに世界中に支修道院を作っていく。日本などでもトラピストはじめいろいろな修道院がありますが、こういった普遍化の役割をもったのだというふうに考えていいですね。

木村　つまり修道院はヨーロッパ文化の支柱というか、背骨を担ったというわけでしょうね。今日はどうもありがとうございました。

Ⅵ　正統と異端――十二世紀の社会宗教運動

今野國雄

キリストの貧者・使徒的生活の隠修士

本日は「正統と異端」という表題で、両者の激しい争いや、あるいはこれにからみ合って展開しました十二世紀の社会宗教運動などをみながら、そこに表れました西欧精神の特性などを探ってみたいと思います。

前々回にお話のありましたグレゴリウス改革にほぼ平行して、若干のものは時期的にそれよりもちょっと早い十一世紀のはじめごろから、西ヨーロッパでは至るところで新しい修道院や修道会が次々に生まれてまいります。例えばイタリアで申しますと、アレッツォの近くに一〇一二年にできましたカマルドリ、フィレンツェの近くに一〇三六年にできましたヴァロンブローザ、フランスではブルゴーニュに一〇七五年にできましたモレーム、あるいは一〇九八年にできましたシトー、また前回もふれましたがケルンのブルノーによって一〇八四年グルノーブルの近くに建てられたシャルトルーズ、またノルマンディーには一〇八〇年ごろできたグランモンと一一〇五年にできたザヴィニー、さらにトゥールの近くに一一〇〇年に開かれた男女の修道院、いわゆる二重修道院《ダブル・モナストリ》であるフォントヴロー、イギリスでは一一三五年ごろに作られ、後に女子修道会としてたいへん有名になったギルバート会、などを挙げることができます。

そしてこれらの修道院や修道会を作った人たちの多くは、当時の言葉でエレミータエと呼ばれた隠修士でありました。この隠修士というのは修道士などよりもさらに厳しい修行をし、深山幽谷にこもって瞑想に専心する人たちをいうのでありますが、ただこの時期に活動したこれらの隠修士たちは単に厳しい自己修行をするだけではなくて、周囲の人々に向かってキリストの福音をのべ伝えるという説教活動をも同時に行ったところに顕著な特徴がみられます。これらの人々は自分たちの理想とする生活をパウペレス・クリスティ（pauperes Christi）とか、あるいはヴィタ・アポストリカ（vita apostolica）、すなわち「キリストの貧者」とか「使徒的生活」という言葉で表現しましたが、この用語はこの隠修士たちだけではなく、社会の各層の人々によっても一種の流行語のように広く使われました。この「キリストの貧者」というのはキリストと同じように清貧に徹した生活をするという意味で、聖書の「マタイによる福音書」第一九章第二一節でキリストが「もしあなたが完全になりたいと思うなら、帰ってあなたがたの持ち物を売り払い、貧しい人々に施しなさい。そうすれば、天に宝を持つようになろう。そして、わたしに従ってきなさい」といわれたり、同書の第一〇章第一〇節で「財布の中に金、銀または銭を入れて行くな。旅行のための袋も、二枚の下着も、靴も杖も持って行くな」とか、「マルコによる福音書」

第八章第三四章で「だれでもわたしについてきたいと思うなら、自分を捨て、自分の十字架を負うて、わたしに従ってきなさい」といわれたことを実践することでありました。

一方の「使徒的生活」という理念は「キリストの貧者」と内容的に重複している部分もありますが、それよりもやや広い内容のもので、だいたい次の三つのことを含んでいます。その第一の要素は「キリストの貧者」の場合と同じように清貧に徹し、私有財産を持たない生活をすることで、この場合には別にパウペレス・アポストリカという表現を用いることもあります。それから第二にはキリストの使徒たちの場合と同じように共同の生活をすることで、当時の用語ではヴィタ・コンムニス（vita communis）といわれました。そして第三にはキリストの福音を全世界に宣べ伝えるための説教活動をすること、以上の三つのことから成り立っているといえますが、こうした精神にもとづいて多くの人々が先に申しましたような修道院や修道会を作っていったのであります。

この「キリストの貧者」とか「使徒的生活」の理念は、しかし隠修士や修道士たちだけでなく、やがて教区で働いている司祭たちにも浸透していきます。司祭というのは通常、教区の教会で子供が生まれればこれに洗礼を施し、だれか結婚する者があればその結婚に神の恩寵が及ぶように仲立ちをしたり、死ぬ者があればこれに終油を施してその魂が天国に昇るように祈り、罪を犯した者がやってきて告白すればそれを聞いて赦しを与えたり、適切な助言をする、こういう仕事をしている人たちでありますが、この司祭たちも今まで

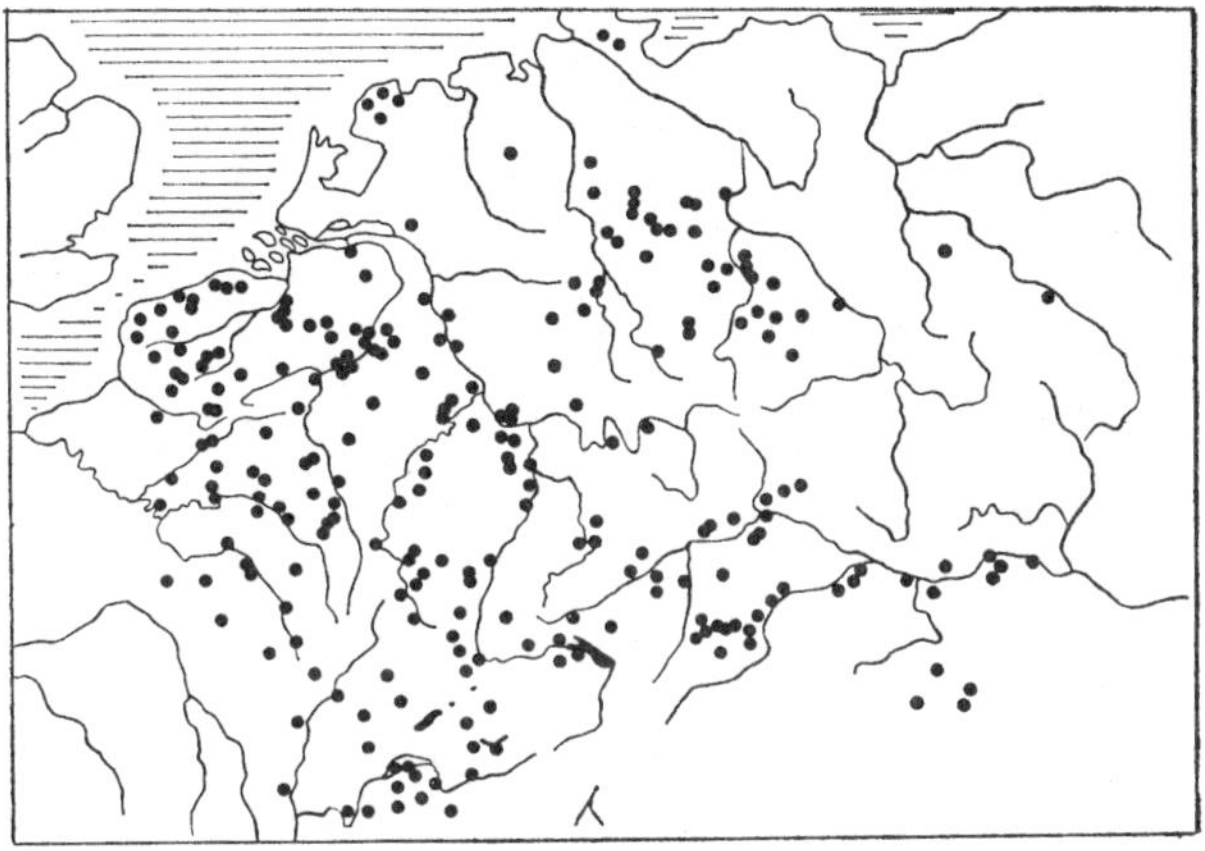

図Ⅵ-1　聖堂参事会分布図

の個々別々の生活ではなく、「使徒的生活」を実践しようとして集団的な生活をするようになりました。こういう生活をした人々を、当時はカノニキ・レグラーレス（canonici regulares――英語では regular canons）といいましたが、日本語では聖堂参事会員とか、あるいは律修聖職者という訳語があてられています。こうした司祭集団も十一世紀後半から次々に組織されて、ヨーロッパ中に広がりました。その様子は「聖堂参事会分布図」〈図Ⅵ－1〉がよく示しているとおりであります。

この聖堂参事会の運動は教皇庁の奨励もあってイタリアで早く始まり、一〇五一年にはルッカで、一〇五六年にはシエナ、アッティナおよびファーノの司教座聖堂に導入され、十二世紀のはじめまでにイタリアでは三〇以上の聖堂参事会ができますし、フランスではアヴィニョン、アルル、エクス、アプトなど南フランスがその中心になりますが、十一世紀の六〇年代にはパリ、ランス、サンリスにも及び、十二世紀のはじめごろにはここにも五十を超える聖堂参事会が生まれました。ドイツではパッサウの司教とザルツブルクの大司教とがこの運動の推進者となり、フライジンク司教区内にあったロッテンブッフの聖堂とザルツブルク大司教座聖堂とが二大中心となり、一一五〇年ごろにはその数約五十に達しました。

　こうした聖堂参事会のなかで最も組織的なまとまりをしていたのが、一一二〇年にフランスのランという町に近いプレモントレに、クサンテンのノルベルトゥスによって建てられた聖堂参事会で、このプレモントレ派の参事会も急速に発展し、設立後わずか三十年間に東は聖地から西はイングランドまでその数が百に及ぶほどに広がりました。その状況は「プレモントレ派修道院分布図」〈図Ⅵ－2〉によって概略を知ることができます。この図ではプレモントレ派修道院となっておりますが、この派はその精神も組織もシトー修道会に倣ったこともあり、プレモントレ修道会と呼ばれることが多いので、これでも間違いではないのですが、彼らは修道士ではなくて司祭でしたから、正確にはやはり聖堂参事会というほうがよいでしょう。この派の広範な伝道活動も当時すでに十二使徒以来最大の稔りをもたらしたと評価されましたし、またシトー会と同じように開墾、植民事業でも抜群の役割をはたしました。

図VI-2　プレモントレ派修道院分布図

民衆の反応と続出する異端

このような「使徒的生活」の理想を求める時代の強い要求は隠修士、修道士、司祭だけではなくて、一般の民衆にまで及んでまいります。これらの民衆はどういう形でこの理想を受け止め、この運動に参加したのかといいますと、例えば南ドイツのシュヴァーベン地方にあり、グレゴリウス改革とも大変関係の深い修道院ヒルサウとその末院、あるいはシトー派修道院に多くみられたように、半俗修道士として修道院に入り、身分は俗人のままで、しかし信仰においては修道士と同じように清貧の生活を実践し、修道院内では主として戸外の作業や農耕に従事しました。当時の言葉でコンヴェルシィ(conversi)、つまり「回心した人」と呼ばれた人々がそうで、そのなかにはもちろん貴族であった人もいましたが、大部分は貧しい、身分の低い民衆でした。一般の信徒のなかには、こういう形で自発的な貧困の生活をするというだけではなく、自分たちだけで贖罪のためのグループを作って信仰の生活に励む人々もたくさん出てきました。贖罪共同体とか贖罪兄弟団といわれるのがそれであり、この人々は多くは俗世の中で職業に従いながら、清貧の生活を守るとともに、俗人には本来許されなかった説教活動まで行って、自ら自覚した信仰の道を他の人々にも伝えようといたしました。しかし、いかに真面目な信仰から出発したにせよ、教義や神学に暗い者が自己流の解釈をすることはカトリックの伝統に反しますし、まして俗人が説教することは司祭の権限を侵すことになりますから、彼らが教会当局から疑惑の目で見られることが多かったのも、あるいは当然であったといえるかも知れません。

事実、民衆の「使徒的生活」への反応と共鳴とが現れてくる十二世紀のはじめから、西ヨーロッパでは異端と呼ばれる人々が続出いたします。一一一四年にはソワッソンで、一一三五年にはリエージュで、一一四三年にはリエージュとケルンで、一一五〇年にはボンで人々を驚かせた異端は当時の年代記作者たちからマニ教的異端と決めつけられましたが、性格も名称もはっきりわからない異端も少なくありませんでした。一一八四年北イタリアのヴェロナで公会議が開かれまして、そこでローマ教皇ルキウス三世がはじめて包括的な異端禁圧の勅令を出しますが、この中に当時異端とされたものの名前がたくさん挙げられております。史上有名なカタリ派やヴァルドー派だけではなく、例えばパタレニ、フミリアーティ、パッサギニ、ヨゼフィニ、アルノルド派などの異端も数えあげられております。しかし、この勅令に挙げられていない異端もありましたし、この勅令以後に現れた異端も少なくありませんでした。例えば、プブリカーニ、アルバネンシス、ルンカーリ、「使徒兄弟団」などと呼ばれた異端もありました。しかし何といってもカタリ派とヴァルドー派とは、中世の二大異端といわれるだけに、そのなかでも代表的な異端と考えていいでしょう。

二大異端――カタリ派とヴァルドー派

その一つであるカタリ派は、その名称がギリシア語で「清浄」を意味するカタロスから由来していることからも容易に推測されるように、ギリシア語を話す東方ビザンツ世界から入ってきたもので、現在の研究では十世紀の中ごろバルカンに発生した異端ボゴミールとたいへん密接な関係があり、ブルガリア、コンスタンティノープル、小アジアに広がったこの異端が十一世紀末から始まりました。十字軍の遠征路を逆に通って西ヨーロッパに流入したのがこのカタリ派だといわれております〈図Ⅵ－3〉。もっとも、もともと西ヨーロッパに発生した異端にあとからボゴミール派の影響があったのか、それともボゴミール派の一支脈であったのか、という点についてはまだ問題は残っていますが、ともかくこの

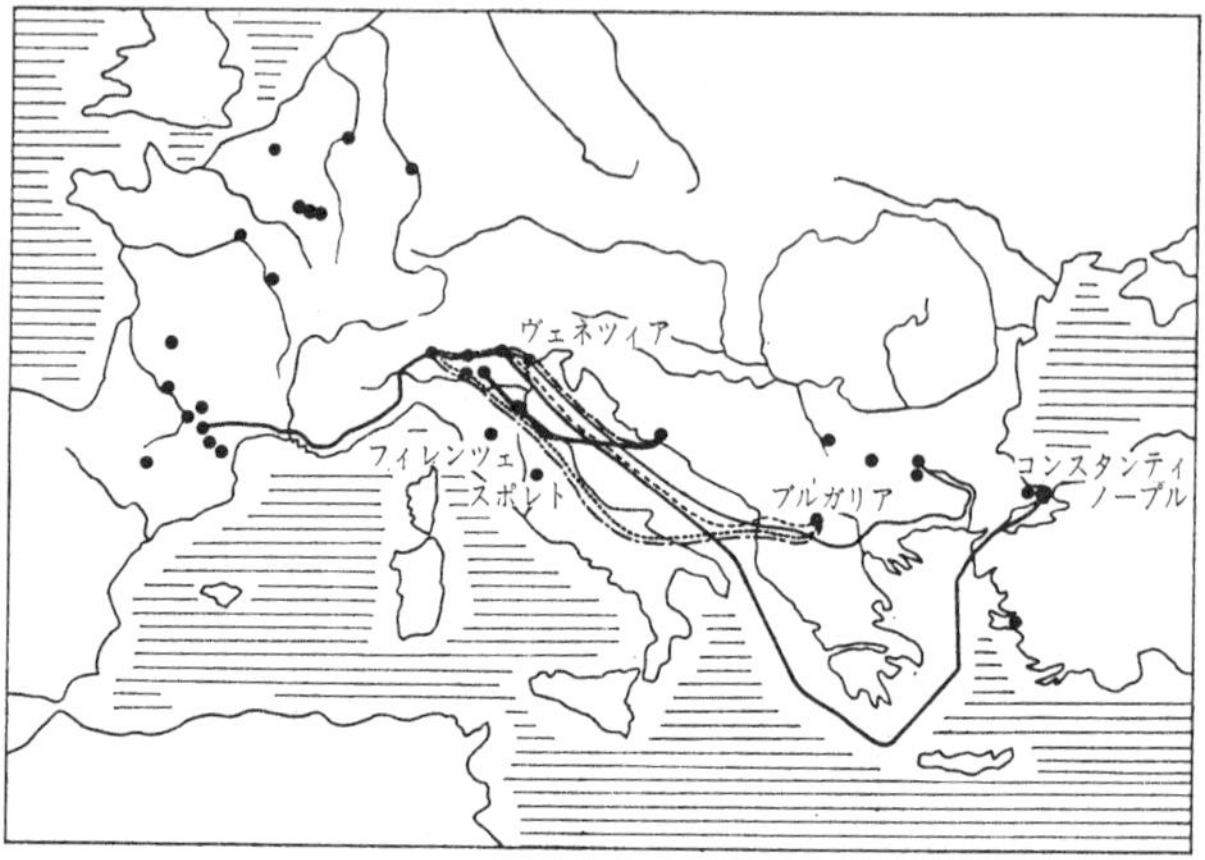

図VI-3　カタリ派の動き

カタリ派の異端はヴァルドー派とは違って、東方ととくに関係が深かったことは確かであります。

このボゴミール派にも二派ありまして、一つはトラキア派、またはドラゴヴィッツァ派と呼ばれる過激な派と、もう一つはブルガリア派と呼ばれる穏健な派でありまして、西ヨーロッパにも最初はこの二派がありましたが、一一六七年ないし一一七二年に過激派の司祭で「異端の教皇」と呼ばれたニケタスがコンスタンティノープルからやってきて教義と組織とを強化した結果、全体が過激派に変わったといわれております。いずれにしましても、このカタリ派は西ヨーロッパの他の異端とは違った性格をもっていて、何か異質の感じのする異端であります。

［ボゴミール派］　十世紀の中ごろマケドニアの山岳地帯でボゴミールによって創立された二元論的分派。ボゴミールというのは創立者の人名ではなく、神の友愛という、この派に与えられた名称ともいわれる。彼らはこの世と人間の肉体とをサタンの造った悪しきもの、国家権力や富、華美な教会やその秘蹟は空しく無価値なものであり、魂だけが神の造ったものであるとし、真のキリスト教徒は結婚、肉食、飲酒を拒否し、托鉢と一所不在の放浪のうちに謙虚な贖罪生活を送るべきであると主張した。十一世紀初頭コンスタンティノープルから小アジア、ダルマチアに多くの信者を獲得したが、十二世紀以後ビザンツ皇帝の弾圧を受け、西方のイタリアやフランスへも伝道を拡大した。カタリ派は教義と組織の上で彼らから大きな影響を受けた。十二世紀末以後ブルガリアとボスニアではとくに強固な地盤を形成し、オスマン・トルコがこの地方を占有するまで活動していた。

［カタリ派］　その名称はギリシア語で清浄を意味するカタロスに由来し、ドイツ語でいう異端者（Ketzer）の語源となった。創設者の名は明らかではない。ドイツでは十二世紀の四〇年代、フランスでは六〇年代、北イタリアでは七〇年代から広まり、とくに南フランスには信者が多く、「アルビ派」の別名でも呼ばれた。彼らは神に善悪の二神あり、国に光と闇の二国あり、世に物質的なものと霊的なものとがあるという二元論に立ち、キリストの実在と受肉を否定し、十字架崇拝、結婚、財産私有を拒否し、コンソラメントゥム（救慰礼）とかアパレラメントゥム（告解礼）と呼ばれた独特な儀式を行い、また彼ら独自の教会組織を

持っていた。一二〇八年一月教皇特使ピエール・カステルノーがカタリ派に好意的なトゥールーズ伯レイモン六世の家臣にアルルで殺害された事件が契機となって、世にいうアルビジョワ十字軍が起こされ、これによって南フランスのカタリ派は一二二九年までにほとんど征圧され、残った者も一二四四年三月モンセギュールで全滅した。しかし、北イタリアのカタリ派は組織的には十三世紀八〇年代まで、部分的には十五世紀初頭まで存在していた。

一方ヴァルドー派は、リヨンの富商ヴァルデスが一一七三年ないし一一七六年、町で吟遊詩人が聖アレクシウス（五世紀初頭ローマの貴族で、結婚式の日に出家して清貧の生活に入り、貧民救済にその生涯を捧げた）の伝説詩を歌うのを聞いて回心し、仲間とともに使徒的生活に入ったことから生まれ、その熱心な説教活動によってカタリ派に劣らず広範囲に広まりました。その模様は「ヴァルドー派活動拠点図」〈図VI－4〉の示すとおりでありますが、なかでも南フランスのラングドック地方（左上拡大図）、オーストリア地方（右下拡大図）および北イタリアにとくに多かったのであります。ヴァルデス自身は、一一七九年の第三ラテラノ公会議の席上、教皇アレクサンデル三世によってその清貧への熱意を称賛されましたし、一一八〇年のリヨン公会議で彼が誓約した信仰告白の内容もまったく正統なものでありましたが、一一八四年の教皇ルキウス三世の勅書では「リヨンの貧者」という名前で異端として断罪されることになりました。その理由は明らかではありません

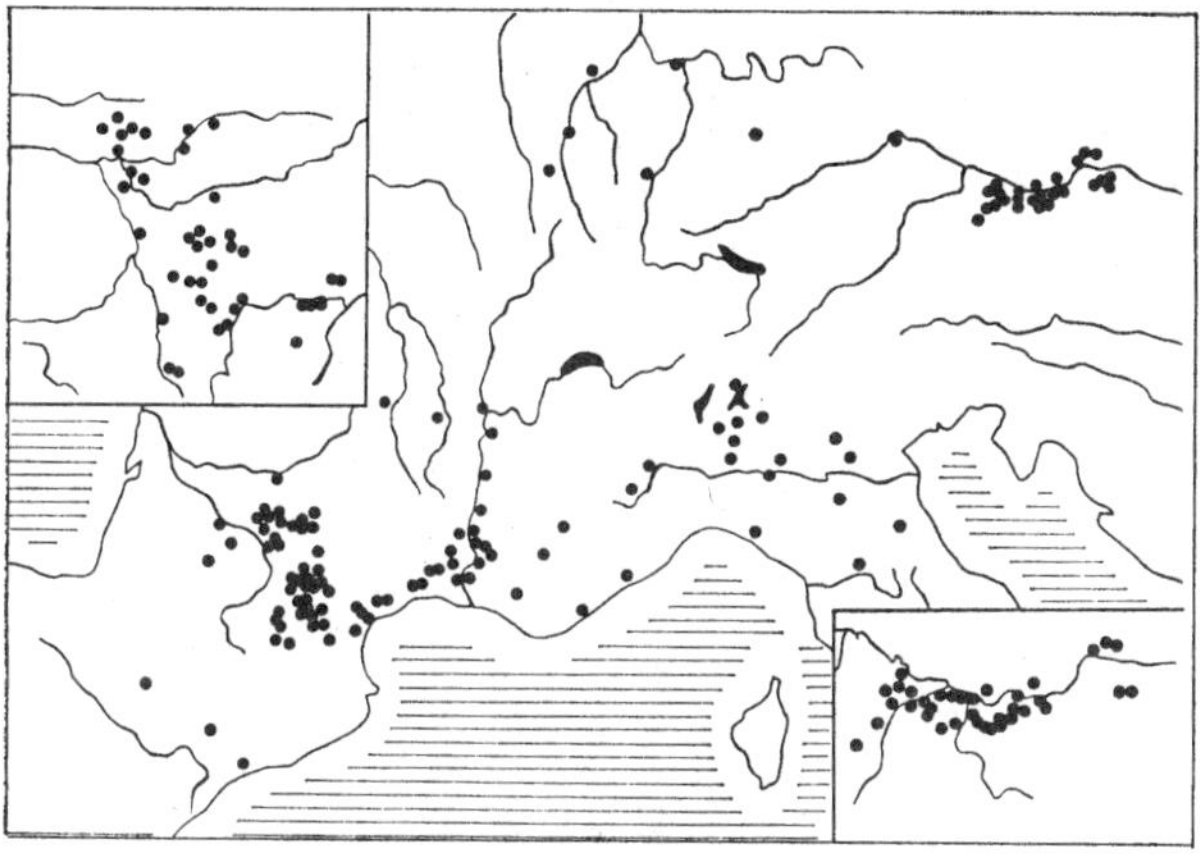

図VI-4　ヴァルドー派活動拠点図

が、おそらく彼らがリヨン大司教の認可も得ずに説教活動を行ったことによるだろうと推測されています。もっとも、異端として破門された後のヴァルドー派はローザンヌのヘンリクスの異端的教説を受け入れ、また一部はかつて彼らの論敵であったカタリ派とも合流して、その異端としての性格を顕在化したといわれておりますが、ヴァルドー派内部にも対立がありましたから、その全部が終始異端的であったかどうかは検討を要する問題であります。

［ヴァルドー派］　リヨンの商人ペトルス・ヴァルデスが十二世紀七〇年代のはじめ、使徒的生活を実践しようとして始めた平信徒による贖罪説教者集団で一一八四年異端とされた

が、以後彼らは教会の職階制、秘蹟、聖者、聖骨、聖像崇拝に反対し、免罪、宣誓、十分の一税、軍役、殺人を否定しつづけ、十二世紀中にイタリア、ドイツに広まり、十三世紀にはボヘミア、ポーランド、ハンガリーにまで拡大し、どこでも異端審問による激しい弾圧を受けたが生き残り、現在も北イタリアのピエモンテを中心に約二万の信者がいる。

カトリック教会の対応

カタリ派やヴァルドー派だけでなく、たいていの異端者は自分たちがもともと異端者だとは思っていなかったのでありまして、それどころか自分たちこそ善良な真のキリスト教徒であり、聖書に書いてあることを文字どおり忠実に実行しているのだと考えておりました。もちろん、彼らの主張や生活態度には従来のカトリック教会の教義や慣習と違う面が少なからずあったことは確かであります。例えば幼児洗礼は自覚的な信仰とは直接関係がないから否定するとか、十字架はイエスがそこで苦しまれたものであるから崇拝するいわれはないとか、パンやブドウ酒がキリストの血や体に化体するはずがないから教会で行う聖餐式は尊重する必要がないとか、あるいは死者のために冥福を祈る、いわゆる代願はけっして魂の救いをもたらすものでないから無意味であるとか、このようなことで彼らは教会と対立し異端とされましたけれども、彼らの真意は多くの場合真のキリスト教徒になろうとすることでありました。

このように大小さまざまの異端が各地で続発していく事態に対し、カトリック教会は手を拱《こまね》いていたわけでなく、さまざまな対策を講じていました。例えば、十二世紀の初頭から各地の公会議は繰り返し異端者の破門、投獄、財産没収、世俗権力の武力援助を決議しておりまして、一一一九年トゥールーズ、一一三九年第二ラテラノ、一一四八年および一一五七年ランス、一一六二年モンペリエ、一一六三年トゥールでの公会議にそれをみることができます。また南フランスの異端に対してはとくにシトー派の修道士を派遣して、その説教活動によって異端を改宗させようとしました。シトー派修道院クレルヴォーの修道院長で名声高かった聖ベルナールのような人までも南フランスにわざわざ出かけていき、その持ち前の雄弁な説教で異端者をカトリック教会に連れ戻そうと努力いたしました。これらの対策が必ずしも効果をあげえなかったことは、一一八四年に教皇ルキウス三世がついに全般的な異端禁圧令を出さざるをえなかったことによってもわかります。この勅令によって教会の態度は一応決まりましたが、この勅令は正統信仰とは何か、異端とは何かについて何も語っていませんでしたし、また教会として異端者をどう処置すべきかもこの段階ではまだ明確ではありませんでした。

それはなぜかと申しますと、これら異端者たちの求めていた理想とグレゴリウス改革が求めていた目標、つまり聖職売買や聖職者の妻帯という悪習を廃し、聖職者の道徳を刷新してその水準を高め、教会の世俗化を防ぐという目標とが、その基本的な意図と性格において同じであったために、教会としても清貧に徹し「使徒的生活」を真剣に実践しようとしていた異端者をどう処置すべきかに苦慮していたこともあったでしょうし、またこの十二世紀には多くの教会人が異端に対して弾圧的な態度をとることに等しく反対しており、できるだけ説教活動、あるいは忠告や警告によって教会に戻そうとしておりました。例えばクリュニー修道院長ペトルス・ヴェネラビリス、神学者のルーペルト・フォン・ドイッツ、「ラインの女預言者《シビラ》」といわれた、あの有名なビンゲンのヒルデガルド、こういった人々はみな異端に対する武力行使を否定しておりました。それればかりでなく、この異端の背後にはカタリ派の場合にみられるように、世俗の領主たちが控えていて陰に陽にこれを援助するということもありましたから、教会としてもなかなか手がつけにくかったのだろうと思います。

インノケンティウス三世の異端対策

教皇インノケンティウス三世がローマ教皇の位に就いたとき、はじめて意識的に異端に対する積極的な対策がとられるようになりました。もちろん、そのインノケンティウス三世は一方では従来どおりシトー派の修道士による異端改宗の方法をつづけていましたが、この方法はあまり成功しなかったのであります。そこでこの有能な教皇はカトリックに近い異端、例えばイタリアのフミリアーティや南フランスのヴァルドー派に対しては、話し

図VI-5　聖ドミニコの像（*Le film de l'histoire médiévale* より）

合いを重ねて教会の枠内に入れる方法をとりました。それはこれらの異端の主張を一部認める代わりに、彼らに一種の修道会則を与えて規制し、教皇庁の監督下に置くという方法であります。これは宗教運動や異端運動に対する教皇庁の態度の決定的な転換を示すものであり、托鉢修道会の設立と認可もこの同じ精神にもとづくものであります。イタリアのフミリアーティは修道士、司祭、在家信徒の三つのグループからなる大きな集団で、その交渉にはインノケンティウス三世自身があたり、その改宗に数年を要しましたが、この最初の成功はこの分派の大きさを考えれば、画期的なものであったに違いありません。南フランスのヴァルドー派の一部が改宗し、「カトリックの貧者たち」と名を改めた正統の信仰団体になるきっかけを作ったのはのちに托鉢修道会を開きました聖ドミニコ〈図VI—5〉であります。彼はインノケンティウス三世の要請で、南フランスの異端を改宗させる説教活動に従い、ヴァルドー派の指導者フエスカのドゥランドゥスと論戦してこれを論破し、彼の率いる一団のヴァルドー派を改宗させましたが、その成功の原因はかつてのシトー派修道士のようにゆきずりの説教者としてではなく、この地にしっかりと腰を落ち着け、しかも異端者と同じように質素で厳格な生活をしながら、正しい信仰の模範を示したことにありました。

しかし他方、インノケンティウス三世は改宗の見込みのない異端に対しては強行な手段をとることもあえて辞さなかったのであります。そのことを示すのがカタリ派に対する有名なアルビジョワ十字軍といわれるものでありますが、このアルビジョワ十字軍という名はカタリ派がアルビの町〈図VI-6〉を中心にしていたということでアルビ派の別名があったことに由来します。この十字軍はカルカッソンヌとか、ベジエとか、トゥールーズといった南フランスの町々で約二十年にわたって激しく戦われ、敵味方とも多くの血を流しました。戦いがこのように長期にわたって激し

図VI-6　アルビの町（撮影・木村尚三郎）

図VI-7　カタリ派最後の拠点モンセギュール山

かったのはカタリ派の狂信的な信仰の強烈さばかりでなく、トゥールーズ伯レイモン六世および七世をはじめ世俗の領主たちがカタリ派を陰に陽に支援したことによる、といえましょう。アルビジョワ十字軍そのものはレイモン七世がフランス国王に屈服した一二二九年に一応終結しました。しかし、カタリ派はそれでもなお残っておりまして、フランスのカペー王朝の支配に対する南フランスの貴族の反抗と合流し、一二四三年からピレネー山脈に近い険しい岩山モンセギュールを最後の拠点として一年間フランス軍に包囲されながら戦い、翌一二四四年三月には降伏のやむなきに至り、捕らえられた者はすべて火刑になるという劇的な最期をとげたのであります。このモンセギュール〈図VI-7〉の戦を最後として、フランスのカタリ派は姿を消してしまいます。

しかしなんといっても、教皇インノケンティウス三世の異端対策として注目すべきは托鉢修道会の設立認可ということでありましょう。先ほどふれましたドミニコ、それにこれから申し上げますフランチェスコによってそれぞれ作られました二つの托鉢修道会は、従来の修道会が農村での自活と観想を主眼としたのと違って、都市の住民からの喜捨によって、彼らへの説教活動を中心としたもので、都市に発生することの多かった異端運動に対抗するのに最もふさわしい新しい形の修道会でありました。フランチェスコの篤い信仰、人間や自然に対する感動的な愛に満ちた逸話の数々は西ヨーロッパの画家たちに絶好の画題を提供してきましたが、中でもアッシジの郊外の荒れたサン・ダミアーノ聖堂で十字架が彼に「行けフランチェスコ、まさに崩れんとするわが家を修理せよ」と呼びかけるのを聞いて、富裕な織物商人から一介の巡歴説教師になったことや、倒れかかる教会を支えるフランチェスコの姿が教皇インノケンティウス三世の夢枕に立って、それが一つの機縁で同教皇から「小さき兄弟団」と名づけられた彼の修道会が認可の口約を得たこと、また彼の信仰の深さに小鳥も耳を傾けて彼の説教を聞いたこと、さらに一二二四年アルヴェルナ山で天使の幻を見てキリストと同じ聖痕を受けたことなどはとくによく知られています。この二つの托鉢修道会はどちらも、女子の修道士から成る第二修道会と一般の在家信徒から成る第三修道会をあわせ持っている点でも共通していますが、当時の異端運動にとくに女性の参加が目立っていたこと、また無学な信徒が異端に走りやすかったことを考えますと、この二つの修道会が精神的にも組織的にも異端防止と正統擁護にどれほど大きな力となったかは、容易に想像することができましょう。

異端審問による摘発

もちろんこのような方法だけではなく、カトリック教会はやがて十三世紀に入ってから異端審問の制度を設けまして、異端者の日常的な摘発に乗り出します。この制度は異端鎮圧に熱心であった教皇グレゴリウス九世によって一二三一年はじめて設けられたものですが、各地の司教たちは必ずしもこの異端審問に熱心ではなく効果も上がらなかったので、教皇はこの仕事を教皇に直属する托鉢修道会に委任し、ドミニコ会は一二三三年から、フランチェスコ会は一二三八年からそれに従事することになりました。とくにドミニコ会は持ち前の学識によって水も洩らさぬ裁判手続きと異端を見分けるための詳細な手引書を作って、精力的にこの制度の運営にあたりました。「教会は血を好まず」という原則から、異端者の処刑は世俗の官憲の手で行われましたが、すでに一二三三年に世俗領主が異端者を火刑、舌抜き刑などの極刑にすることが公認されましたし、一二五二年にはインノケンティウス四世によって異端者を拷問に付することも許されるようになり、異端審問の悪名をいっそう高める結果になりました。最初はカタリ派とヴァルドー派が対象でしたが、やがてフランチェスコ会聖霊派、フラティケリ派、ロラード派、神殿騎士修道会員もその犠牲となりました。十五世紀以後スペインで実施された新しい異端審問制度は、その残酷さ

図VI-8　国王立ち会いのもとでの異端者処刑（パリ、1460年ごろ。*Le film de l'histoire médiévale* より）

で比をみないほどのものでした。それでも異端は完全になくなることはありませんでした。

以上で正統と異端の話をひとまず終えまして、足りない点などはほかの先生方とのお話し合いで補ってみたいと思います。

［異端審問］　異端を処罰するために教会内に設けられた特別な裁判制度。萌芽的には一一八四年教皇ルキウス三世の、また一二二〇年皇帝フリードリッヒ二世の異端取締令にさかのぼるが、直接的には一二

三一年の教皇グレゴリウス九世の勅令と同年ローマ元老院議員アンニバルトが公布した「異端者取締法規」がこの制度の成立根拠となった。十五世紀末スペインの「新異端審問制」は主としてユダヤ教およびイスラム教からの改宗者《コンベルソス》を対象とした。この制度が廃止されたのはスペインが最も遅く一八二〇年のことである。

■鼎　談（Ⅵ）

堀米庸三
今野國雄
木村尚三郎

木村　西ヨーロッパがキリスト教的な世界として成立してきたのはまさにこの十二世紀であったわけですが、今回は前回お話のあったキリスト教的な精神の担い手としての修道院ないし修道士の精神が、さらに俗人と交わり、俗人の魂を司牧する司祭にまで広がり、それからさらに俗人もまたこの信仰共同体の中に加わっていった、そういった当時に起きますところの宗教感情の沸騰するような高まりについてお話があったわけであります。またそれを通して異端なる運動も発生してまいり、そして正統と異端との激しい戦いが繰り返されるようになってくる。そういった点について今日のお話が展開されたわけでありますが、ここでまた例によりまして今野先生および堀米先生を交えて今のお話をさらに深めていきたいと思います。

今野さんご苦労さまでした。まず最初に今のお話につきまして、もう少しいい足りないところとか、それからここがいちばん強調したいところだというところがございましたら、ひとことお話しいただけませんでしょうか。

何が異端で、何が正統か

今野　一つ注目されますことは、これらの異端のなかには本当に異端的な異端と、それから異端であるか正統であるかわからないような異端というのがありまして、本当に異端とされているものが東ヨーロッパに由来するか、ないしはたいへん関係が深くて、しかもそれは西ヨーロッパでは徹底的に排除されていく。カタリ派やスペインの改宗者《コンベルソス》の場合がそれです。つまり、西ヨーロッパ的な精神のありようを考えるときに、これらさまざまな異端の性格と西ヨーロッパにおけるそれに対する処理の仕方、対応の仕方ということが、まずこの講義全体の主題である「西欧精神の探究」という課題に即していえば、注目を引くことではないかと思います。

木村　そうしますと堀米先生、西ヨーロッパ的な精神といいますか、東ヨーロッパと違った精神がまさに十二世紀にだんだん自覚されてきているような気もいたします。しかし、この正統と異端というものは私たちにはちょっとむずかしくてなかなかわからない面もあります。先生ご自身のお立場からすると、こういう二つのまったく対立する概念がからみ合っている西ヨーロッパの精神はどういうふうに理解されますでしょうか。

堀米　直接のお答えになるかどうかはわかりませんけれども、私は正統とか異端とかいうものの概念を定まった固定的な概念に考えない。つまり、これを歴史的に発展してくる概念として捉えられるのがまず理解の近道ではないかと思うのです。

と申しますのは、カトリック教会の教義は昔から今まで変わらないように考えられておりますけれど、この十二世紀の宗教社会運動、それから十三世紀にかけてこの運動を通しましてローマ教会自体が正統の教義を確立していくのです。それからまた異端というものも、そのなかには、淫祀邪教《いんしじゃきょう》に類したようなものもありますけれども、支配的なものは非常に厳格な倫理的な生活を行うという性質のものでして、同時にそれは自分こそはキリストの教えに最も忠実なものであるという意識で、自分が異端であるという意識は全然ないわけですね。その一方では、カトリック教会自体が正当な教義をそれに対面しながら作っていく。そしてこれができていく過程で自分たちの考え方とそれが非常に合わないというところから異端になっていく。

ですから、今野さんのお話のように、カタリというのは非常に徹底した二元論をとりますから、これは異端という性格がはじめから非常に強いのですが、ヴァルドー派はこれははじめは異端でも何でもない。むしろローマ教会と密接な関係をとって自分たちの考え方をのべていく。ところが、それに対してローマ教会はついにそれを全面的に受けることができないというので、とうとう異端になっていくというようなものです。ですから、そういうところから正統も異端もともに固定的なものではなくて、この十二世紀から十三世紀にかけてつくられていったところの新しい概念だ、というふうに考えていくのが理解の近道だというふうに思うのですが。

木村　そうすると、今野さんの十二世紀はまさに正統と異端がまだ未分化のまま沸騰して出てきているという感じが非常に強い時代でしょうか。

今野　いってみれば、教会にとっては何が異端で何が正統であるかわかりかねるという状況がちょうど十二世紀で、それだけにこの運動がいっそう急速に展開したのではないかという気がするのですが。

堀米　今一つつけ加えておきたいと思いますことは、正統の教義がまだ十分にできていないというと、おそらく誤解のおそれもあると思うのです。しかし、カトリック教会に近い方々、あるいはヨーロッパの歴史家が書いているものは、一般にそういった面では護教的な色彩が無意識のうちに強いですね。そういうものを払い落としてみますならば、十二世紀のローマ教会はそんなにきちんと定まったシステマティックな教義をもっていたわけではない。例えば、この前七つのサクラメント、七つの秘蹟というのを説明したことがありましたね。ああいう七つの秘蹟が出てまいりますのはこの時期を過ぎてからのことでありまして、それまでは秘蹟がいくつあるかということは人によって非常に違っていたわけですね。秘蹟はカトリック教会の生活にとっては基本的に重要なものですけれども、そういうものの数さえも、あるいは理解の仕方も十二世紀のはじめにはまだできていなかったということを一例として挙げておきたいと思うのです。

今野　そういう例はほかにもたくさんあるわけで、例えばライヒェルスベルクのゲルホッホなどは大変な神学者でしたが、異端の疑いがあるというので、捕まって裁判にかけられるのですが、結局よくわからなくて釈放される。イタリアのフィオレのヨアキムの三位一体論も一二一五年の第四ラテラノ公会議で異端とされましたが、彼自身は異端者とはされませんでした。ローザンヌのヘンリクス、ニーダーランドのタンケルムス、リヨンのヴァルデスについても正統か異端かで今でも研究者の間で論争があるほどです。ましてや素朴な民衆の真剣な信仰を簡単に異端というふうに決めにくいことが多かったのではないでしょうか。事実インノケンティウス三世でさえ、異端と決定するのに三度も調査させ、三度とも同じ結論であったときにはじめてその有罪を認めるほど慎重でありました。

異端を裁く法的手続き

木村　カトリックの教会法で、十二世紀の末ぐらいから刑事訴訟手続きというのがはっきりしてまいりまして、今までのようにだれかが訴えないと裁判が始まらないという体制から変わってきましたね。

堀米　元来これはそちらのほうが中世的なんですね。

木村　元来は当事者主義といいまして、裁判官、原告、被告人の三者があり、これによって裁判が構成されるということだったんですね。ところが、十二世紀の末からそうでない職権訴追主義というものが出てきまして、裁判官が同時に原告となって被告人を追及するわけですね。これが異端審問につながっていくわけですが、なぜそういうことが出てきたかという発想として、教会の財産とか、人間だとか、こういうものに関わる犯罪は、同時に教会全体に対して害がある、教会それ自体が被害者であるということで……。

堀米　教会全体というよりも、キリスト教世界全体ですね。

木村　そうですね。キリスト教世界全体に対してですね。そういったことで裁判官それ自身がキリスト教世界を代表して原告になるわけですね。むしろカトリック教会としての自覚は十二世紀の末に始まってくるわけで、また逆にいうとキリスト教的な生命はむしろそれ以前の十二世紀のほうにあったのではないかという気がするわけですが。

堀米　それは見方によりますけれども、私はグレゴリウス改革のあとを受けた十二世紀、これはキリスト教の信仰生活の生命という点でははるかに純粋なといいますか、激しいものがあったということは異論の余地がないと思いますね。

十字軍と都市の発達―南と北の関係

堀米　ところで、今までの話の中で一つ出なかったところがありますけれども、この十二世紀は、十一世紀の末から始まった例の十字軍の時代であったということと、それからもう一つは都市がしきりに各地に発展してくる時代であったという、この二つのことは、この異端の問題と切り離して考えることはできないと思いますね。十字軍の問題は、十字軍を勧説する法王庁、あるいはその他の人々の勧説使というようなものによってしきりにプロパガンダされるということで、地方、中央の別なくそういった勧説運動が行われて人心を刺激するということがありますし、それからもう一つは都市というものです。これは農村と違って、ある程度開かれた社会であるし、それからコミュニケーションが発達した地帯ですから、そこではへ人間の考え方はそういう情報に対して非常に敏感なんですね。そういうところに新しい福音が入りこみやすいといったところから、この都市と十字軍の運動とこの二つのものといっしょになりまして、この十二世紀の宗教社会運動というものが大きな渦を巻き起こしていった。こういうように考えていったらいいのではないでしょうか。

木村　それは非常に大事な点だと思いますね。そういった西ヨーロッパの都市とか農村とかの新しい先進地帯がふつうは北西ヨーロッパといわれておりますが、そのことと今日のお話とは何か関係がございますでしょうか。

今野　私にはよくわからないのですが、いわゆる南と北という問題ですか。

木村　南は南で都市の活動が活発ですが、新しい社会の力というもの、ないしは封建社会のいちばん発達した地域が、西ドイツとか北フランスとかいった北西ヨーロッパにあるといわれておりますが、こういうこととキリスト教会との動きということとはそう密接な関係はないものでしょうか。

今野　どうでしょうね。例えばアルビジョワ十字軍の場合には、後半になりますと明らかにこれはただの宗教運動ではなく、政治的なファクターが強く作用するようになり、北方のフランス王室の南フランスを含めたフランス全土の統一への志向というものが十字軍を動かす大きな梃《てこ》になっているという点をみますと、政治的な問題がこの宗教運動と複雑にからみ合っていることはわかりますね。ただ西ヨーロッパ全体としてみると、教会改革や修道院改革の刺激はたえず北の方からもたらされますが、しかし、ミュンヘンのルードヴィヒの宮廷が南からの異端聖霊派の避難場所となるというケースもあり、この場合も政治問題が関係しています。南北問題ということで割り切れるかどうかわかりませんが、宗教の動きを西ヨーロッパ全体の政治的・社会的展望のなかで捉えるという観点は大事なところかもしれません。政治史などからみるとどうでしょうか。

堀米　とにかく、南ばかりでなく北にもいろいろな異端の運動はありますけれども、組織的な集団としては南のほうが強いということは動かすことのできない事実ですね。例えばリヨンを出発点にしたヴァルドー派の運動にしても、カタリ派も南フランス中心ないしはロンバルディアですから、これは当時の十字軍という問題とある程度強い関連をもっているのではないか。つまり、カタリ派やボゴミール派からラディカルな教えを受け継いでくるということは、十字軍の東西交通がなければ起こらないことだと思いますし、それからまた十字軍に関連して、リヨンというような町あるいはローヌ河の河口ですね。そういうものが大きな商業地帯として展開してくるということと関係してくるのではないかと思います。それからもう一つ、南フランスがなぜああいう中心になったかということは、この地帯がかつて考えられたような裕福な地帯であったというのではなくて、むしろあそこでは権力が非常に分散していたという当時の南フランスの社会のありようといいますか、政治的・社会的な組織というものの性格と関係してくる、そんなふうに思われますが。

木村　南フランスはもともとローマ文化に近かった地帯ですから、そういう意味では、自分の文化の誇りみたいなものがあって、必ずしも北には同調しないで、そういった精神がこれは中世から近世までずうっとつづいているようですね、そういったところから、カタリ派などが強くなりやすい状況があったということは考えられませんでしょうか。

堀米　それはアルビジョワ十字軍の場合などになりますと、明らかに北のカペー王朝のさしむけた軍隊に対して、南フランスの封建貴族たちが非常な反発を感ずるということはありますけれども、それまでに何か南北の対立をそこに感ずることができるかといえば、これはまだ実証的にはいいにくいことではないでしょうか。

木村　だんだんと北と南との違いがはっきりしてきたということかもしれませんね。

托鉢修道会の説教活動

堀米　それから先ほど申し上げたことのなかで、新しい宗教社会運動が都市というものなしに生まれなかったということに関連して大事な点は、これを鎮めたのが古い修道会ではなくて、新しい托鉢修道会であったということですね。これがやはり重要な関連をもっている。ということは、従来の修道会であれば、好んで人里離れた人の住まないところにその修行の場所を求めたわけですね。ところが、この托鉢修道会は進んで司牧といいますか、都市に積極的に進出して、説教活動を中心にした。これが新しい修道会がこの問題を鎮めるのにあたって最も有効だったということの根本理由ですね。

それで、そのことにつきまして、なぜ異端というものが禁圧されるに至ったかということのいちばん重要な問題として、使徒的生活の三番目に先ほど挙がりました説教活動というものがあるんですね。説教活動は、この当時のように印刷というものが発達せず、コミュニケーションが正確に行われがたい世の中でありますと、自分たちの信仰上の体験をもとにして各人が各様の説教をする。それが個人的な色彩が強ければ強いだけ、異端の方向に走る。あるいはローマ教会の教えから離れていく可能性が非常に高い。そういう点で説教はローマ教会にとっては人々に自由にさせておくことのできない非常に大事な問題だったということですね。今日からみれば言論の自由に最も反することですけれども、しかしながら、説教活動を野放しにすることはローマ教会の組織と統一を考えましたならば、これは最も大事なキー・ポイントになる。そこで問題が起こっているんですね。

木村　非常におもしろい問題です。つまり、個人的な活動ではなくて団体活動ですね。共同の集団活動を重視するようになったということですね。

堀米　教会の組織秩序ということですね。これが乱されてはいけないというところが、ローマ教会が最後にこれに向かって強烈な弾圧を加えるようになったということの根本的な理由です。それからまた、例えばヴァルドーなどは自分たちで聖書の口語訳を（これは西ヨーロッパでいちばん最初の聖書の口語訳ですけれども）全部ではありませんが作ります。しかし、そういうようなことによりましても、なおかつそれはたいへんに限られたものであって、よるべき典拠がどうしても主観的な個人の体験になるということが非常に大きな問題だったというふうに私には思われますね。

木村　今野さん、十二世紀の状況ですが、そういった使徒的生活なるものを追求しようとした人々は、単に修道士とか司祭だけではなくて、都市民とか農民とか一般の社会にもかなり深くしみ透っていたということは考えられるのでしょうか。
今野　そのとおりですね。そこがこの時期のいちばん重要なところだったのではないでしょうか。
木村　人々がすべて神を求める気持ちをもちだしたということでしょうか。
堀米　それがいってみればグレゴリウス改革のいちばん強い表れだったというか、グレゴリウス改革が一般的な形ではそういうところに実現されていったということだと思いますね。これも、グレゴリウス改革が中世きっての重要な改革であるということの意味ではないかというふうに思います。
木村　どうも今日はありがとうございました。

Ⅶ 騎士道――剣を振るうキリスト者　新倉俊一

騎士の実像と虚像

今回は、騎士および騎士道についてお話ししたいと思います。フランス語でシュヴァリエ、英語でナイト、ドイツ語でリッターと呼ばれるこの騎士について私たちが考えますときに、二つの非常に違ったイメージが浮かんでまいります。一つは、例えば、ここに見えますシャルトル大聖堂のステンドグラスに描かれた戦士の姿〈図Ⅶ-1〉。これはシャルルマーニュ大帝のスペイン遠征中の事件を描いたといわれるものでありますが、馬に乗り槍を突き出し、勇壮に戦って敵を倒す、あるいは剣を振るって相手を断ち切るというような非常に勇ましいイメージがそれです。もう一つは、やはり中世の作品でありますけれども、美しい細密画《ミニアチユール》に描かれた貴婦人たち、美しく着飾った貴婦人たちに囲まれていっしょに狩猟に出かけたり、あるいは彼女たちの観戦する晴れがましい騎馬槍試合に臨んだり、あるいは恋を語らうといった優雅な伊達男の姿〈図Ⅶ-2〉。そういう二つのイメージがあるわけですが、はたしてそのどちらが本当の騎士の姿であったのか。それとも、騎士というのは両方のイメージを兼備しているべき存在ではなかったのか。少なくとも理想の騎士とはそういうものであったのではないか。かりに理想はそうであるとして、現実の騎士はどうであったか、ということをさまざまな文学の作品から材料を選んでお話ししたいと思います。

文学作品から材料を選ぶということは、実は少し危険なことでありまして——というのは、文学作品には、たえず誇張がありますから——その証言を鵜呑みにすることはできないのですけれども、なにしろ非常に歴史の古い騎士制度につきましては、これをもって決定的とするニュース・ソースがないのです。われわれが騎士制度について勉強する場合には二つの情報源があり、一つは、カトリック教会側の騎士叙任式に使われた「典礼定式書」(現存最古のものはマインツの聖アルバヌス修道院に伝わるもので、時代は九五〇年より少しあと)。これは有力なソースではありますが、カトリック側の主観的意図が投影されていて、そのまま信用するわけにはいかない。もう一つは、武勲詩、宮廷風騎士道物語などの文学作品です。文学のほうは先ほど申しましたように誇張がありますから、必ずしも記述どおりに受け取るわけにはいかない。しかし、とにかくほかにめぼしい証言が見当たらない以上、書かれていることを一から十まで信用するわけにはいかなくても、少なくとも精神風土は十分に伝えているはずですから、あえて証言の材料として選んで不適当ではないと考えられます。

［武勲詩　chansons de geste］　十一世紀末〜十三世紀にかけて流行した戦記文学。『ローランの歌』は、そのなかでも最古かつ最高の作品である。

［宮廷風騎士道物語　romans courtois］　主としてアーサー王の円卓騎士を主人公として、武芸においても礼儀作法、恋愛においてもすぐれた騎士の冒険を描いた作品群。現実の騎士というより、あるべき騎士の理想像を追求したものといえる。『ペルスヴァル』、『ランスロ』

図Ⅶ-1　シャルトル大聖堂のステンドグラスに描かれた騎士（*La Legénde de Roland* より）

図Ⅶ-2　愛する貴婦人と同じ色模様の服を着た騎士（Delort 前掲書より）

のクレチアン・ド・トロワが代表的作家。

まずこの騎士制度についてお話しする場合に、一つ確認していただきたいことがあります。封建制度というのは、封土を媒介として、いわば縦軸に伸びた支配と臣従の関係、保護と忠誠の関係であります。すなわち、いちばん下に下層戦士がいる。その上に地方領主がいる。その上に伯爵《コント》（ただし、のちの貴族制度における伯爵とは違う、有力な領主を指すと了解されたい）と呼ばれるような大領主がいる。さらにその頂点に国王あるいは皇帝が立つわけですが、そういう縦軸の階層秩序が封建制度の戦士を律した関係だとしますと、この騎士制度の騎士というのは、現実にはこの階層秩序に組み込まれてはおりますが、原理的には別の範疇に属した、水平軸に並んだ平等の存在なのです。もう少し具体的に申しますと、例えば国王の息子であっても、あるいは一介の陪臣の倅であっても、騎士という資格においては同等に考えられる。いかに身分が高く、いかにお金持ちであっても、それにふさわしい資格の持ち主でなければ、名誉ある騎士に叙任されなかった。そういった意味で平等の水平軸の関係にあると申したわけです。実際においては、これにやはり縦軸の上下関係がからみますし、お金の問題がからみますから、騎士になるのは身分の高いもの、あるいはお金持ちのものにだんだん限られるようになりますが、本来、理想的に考えた場合の騎士がそういうものであったということを、確認しておいていただきましょう。

ところで、このような騎士制度がいったいいつ生まれたのかについては、いろいろな説があってはっきりしないのですが、おそらくゲルマンの戦士制度に起源をあおいでいるのではないかと考えられます。ローマの歴史家タキトゥスが『ゲルマニア』という本を書いておりますが、その十三章にゲルマン族戦士の成人式の模様を描いた条《くだり》があります。それによりますと、集落の戦士たちが並んでいる円陣の真ん中には、今日こそ戦士に取り立ててもらえるという期待と興奮でほおを紅潮させた若者がいる。これに対して部族の首長がフラメヤという投槍と、丸い楯を授与する。この瞬間、若者ははじめて一人前の戦士として認められる。タキトゥスはこの光景を描写したあと「コノ日以前ハ父ノ家ノ子供ナリシガ、今ヤ国家ノ一員トナレリ」という非常に印象的な結論をのべています。

現在フランスと呼ばれる土地は、もともとはケルト系のガリア人が住んでいたのが、BC五〇年代にシーザー指揮下のローマ軍によって攻略され、その後ゲルマン系のフランク族によって、征服されてフランク王国となり、このフランク王国からフランス王国ができました。フランス人とは、この三つ（ケルト、ラテン、ゲルマン）の人種の混血から成り立っている民族であります。先ほどご紹介したゲルマンの戦士制度が、のちにフランス王国を中心として花と咲いた騎士制度の源流となっていることは、ほぼ確実だと考えられます。

しかしながら、かりにもフランク王国はキリスト教国でありますから、本来、非暴力、反戦の原理を立てていた公教会《カトリック》との関係を調整せずには、このような戦士制度も大きく伸びなかったに違いありません。事実、初期のカトリックの教会は、かなり忠実に非暴力主義、反戦主義を守っていた、少なくとも主張していたようでありますが、相次ぐ異民族の襲来を前にしてそうきれいごとばかりをいってはいられない。どうしても、キリスト教徒である戦士の力をかりて、自衛の手段を講じなければならないというので、早くも三一四年のアルル公会議において、正義のため、教会を守るための戦争を是認するようになります。このあと公教会は、戦士階級に対するコミットの度合いを深めていき、本格的な介入の時期ははっきりしませんが（たぶん八世紀末か）、戦士の成人式である叙任式――これからは叙任式という言葉で呼びますが――に介入してまいります。具体的にいいますと、戦士となる若者が使う武器・武具に対して聖職者が聖別式をとり行うことを指します。聖別という言葉は非常にむずかしい内容を含みますが、簡単にいいますと、ある品物を聖別するといえば、以後それは単なる物ではなく、神に捧げられた、聖なる品物として認定するというような儀式のことです。

このようにして、神に仕え正義を守るため「剣を振るうキリスト者」としての騎士が生まれたのであります。必要とあらば世俗勢力といつでも妥協し、積極的にこれを自分の陣営にとりこむ中世カトリック教会の、これは伝統的な政策の表れでした。一方、戦士側にとっても、自分たちの存在理由が、公教会によって正式に保障されるのは歓迎すべきことであったに違いありません。このような形での公教会の介入はその後ますます度合いを深め、やがて初期十字軍の時代を迎えます。ご承知のとおり、一〇九五年に法王ウルバヌス二世はクレルモン＝フェランで十字軍による聖地奪回を呼びかけたのであります〈図Ⅶ－3〉。地上における神の代理人が提唱した、これは一大軍事行動にほかなりません。

もとより、十字軍は宗教的情熱だけで提唱され、実現したものではありません。聖地奪回を希求する気持ちにうそはなかったでしょうが、それだけではない。事実、ウルバヌス二世の説教のなかに、

図Ⅶ-3　十字軍の出撃（Delort 前掲書より）

土地のないもの、貧しいものは、乳と蜜の流れる国へ行って、土地やお金を求める機会を得るといい、といった趣旨の文句が見えるとおり、さまざまな思惑のからんだ試みでありますが、権力者の政治的意図だけを大きく取り上げるのは公平な見方とは申せません。というのは、十一世紀末、十二世紀のさまざまな文学作品を読み、絵画、彫刻を見るとか音楽を聞いたりしますと、どうもその時代においては、神が近寄りがたく非常に高い孤絶した存在ではなくて、人格的な神として認識されたのではないかと思われる節が多々見かけられます。

そもそも唯一の神に帰依することは、上下の階層秩序を重んじる戦士階級の心性になじみやすいことでしたが、神との人格的な結合を強く希求する十一、二世紀になると、戦士個人の内部においても、命あるかぎりそれに仕え、命を失えばそのそばに魂を迎えてくれるべき神が明瞭に意識されるようになりました。このような信念もしくは幻想は、キリスト教世界とイスラム教世界とが鋭く対立して、前述の十字軍を送り出すに至って最高潮に達したと思われるのです。本来ならば対立する原理に立った公教会と戦士階級との間に、また、身分の高下、貧富の差のある戦士階級そのものの中にも、一種の共同体幻想が成立する、といった動きが感知されるのであります。

最古の武勲詩『ローランの歌』

このような初期十字軍時代の幸せな高揚と共同体幻想の最もみごとな例として、『ローランの歌』という現存最古の武勲詩をご紹介したいと思います。

『ローランの歌』というのは十一世紀末か十二世紀初頭に作られたもので、七七八年にシャルルマーニュ（カール大帝）の後衛軍が、スペインの山中でヴァスコネス族（バスク人あるいはガスコーニュ人）に襲われて全滅した事件を題材にしていますが、ヴァスコネス族はサラセン人に替えられ、登場人物の性格や風俗も第一回十字軍当時のものに替えられています。スペインから安全に撤退するために、角笛を吹いて——ここにある場面〈図VII

図Ⅶ-4　ローランの死（*Littératures de l'Europe Médiévale* より）

－4〉にもその角笛が描かれていますが、――シャルルマーニュ大帝の本隊を呼んで助けてもらったらいいのではないか、と親友で賢知の持ち主のオリヴィエが提案するのですが、非常な勇気とまた過大な自尊心の持ち主であるローランはそれを拒否する。その結果、ローランは自分の仲間、および部下を全部死なせたうえ、最後に壮烈な戦死をとげる。これは四千二行から成るかなり長い作品ですが、その二千三百五十五行から二千三百七十四行をご紹介したいと思います。

「かくローランは死がわが身を捕え、頭より心の臓に下りいくのを感ず。松の木の根元に走りゆき、緑なす草の上に腹這いに伏し、剣と角笛とをおり敷きて異教徒の方に顔をきっと向けぬ。高貴の伯の戦に勝ちて死にたりと、シャルルをはじめ全軍の将士にいわれまほしく、かくはなしつ。絶えいる力をふり絞り、いくたびも目あくればメア・クルパをとなえつつ、わが罪の許されてあれと神に手袋をばさしだしぬ。（……）ローラン、余命いくばくもなきを悟りぬ。切り立つ岩の上をイスパニアに顔を向け、片手でわが胸を打ちつつ申すには、『神よ。生まれし日よりこのかた、今日、命果つるこの日まで大小とりまぜて犯せし罪の数々を、なにとぞご慈悲をもって許したまわらんことを。』かく祈りて右手の手袋をば神にさしだしたれば、見よ空より天使は降りきたる。」

この第一回十字軍時代におきましては、このような神のために戦い、そして壮烈な死をとげると神のみもとに召されるローランは理想の人物、最高の戦士像であったに違いありません。

騎士修業と権利・義務

さて、このような騎士になるためにはいったいどのような修業が必要なのか、それについて簡単に説明したいと思います。まず、騎士志望の若者は一二歳ぐらいから親元を離れ、自分の主君筋にあたる家に預けられます。そしてさまざまな見習い修業をするわけです。例えば部屋係として、自分の主君であり指導者である人の衣服の着替えの手伝いをするとか、厩係として馬の世話をする。また食卓係として食事のエチケットその他を勉強する。それから狩猟係として狩猟の技術を習得する。これは非常に大切な訓練でした。といいますのも、狩猟が戦士貴族に最も愛好されたスポーツであるのみならず、蛋白の重要な補給

図VII-5　鎧帷子と馬の金属製プロテクター（Delort 前掲書より）

図VII-6　騎士叙任

手段でありますから、狩猟が巧みにできなければ騎士としては失格なのであります。さらにまた武具係としていろいろな武器・武具の取り扱い方を習う。そして武術の手ほどきを受ける。武術の訓練は非常に荒っぽいものですから、足を折ったり手を折ったりするなど、ひどいけがをする場合もありますが、そのような訓練に耐えなければ一人前の騎士になれない、といった厳しい生存競争の世界なのであります。こうした修業を三年から十年近くつづけます。十一世紀のころは金持ちの子供は一五歳ぐらいで騎士に叙任されたようでしたが、十三世紀になりますと、叙任年齢は二〇歳か二一歳ぐらいではないかといわれております。

とにかく三年から九年に及ぶ非常に厳しい修業を経たあと、騎士に叙任されるわけですが、先ほど申しましたように、これはたいへん金がかかることなのです。というのは、当時の馬は非常に貴重で高価なものでしたし、武器・武具に要する費用も相当なものでした。〈図Ⅶ-5〉の武具は、少し時代の下がったものでありますが、騎士はこういう鎧《よろい》帷子《かたびら》に身を固める。そして、馬のほうもまるで金属で造った馬みたいに、丈夫なプロテクターですっぽり覆われています。初期の時代には、これほど大げさなものではないにしても、相当金がかかることに変わりはありません。ちなみに、鎧帷子などを全部つけると五〇キロか六〇キロの重さになったようです。幸いにしてそれまで怪我もしなければ病気にもならず、そして親なり主君が金を出してくれて、騎士叙任式〈図Ⅶ-6〉までこぎつけますと、めでたく長年の苦労が報いられます。叙任式は戦争の前とか後とか、あるいは祝祭日とか、結婚式などの祝典の機会に行われるのがふつうでありました。

叙任式といっても、ゲルマン民族の戦士のお話で申し上げましたとおり、本来は武器・武具の授与につきたのですが、やがてこれに首うちという儀式が加わってきます。これは

図VII-7　槍的競技(カンテーヌ)

剣の平や棍棒で騎士志願者の首の根をたたく儀式で、はじめは一、二メートルふっとばされるくらい強くたたいたようですが、のちには形式だけのものになります。始まった時期も不明ですし、またその意味づけも、(一)叙任者と被叙任者の合意を示すもの、(二)肉体の苦痛によって、この日の感激を忘れないようにさせる、(三)肉体的抵抗力を試す、などの諸説があって定まりません。

とにかく基本的には武器・武具の授与と首うちにつきた騎士叙任式に、十一世紀以降、公教会が積極的に介入してきました。すなわち、騎士候補の若者は、まず叙任式の前の晩に告解と武器・武具の通夜連禱をいたします。第二に、当時は非常に珍しかった聖体拝領にあずかります。現在、聖体拝領は信者が毎日曜日あずかる儀式ですが、当時はきわめてまれであったようであります(聖王ルイのごとき信心深い国王が年に一~二回程度)。第三に、武器・武具授与と首うちの際に祈禱を唱え、誓いの言葉をのべるようになりました。いろいろ残っておりますが、マンドの司教で、中世で有数な教会法学者であったギヨーム・デュラン(一二三七〜九六）の典礼定式書にある騎士の誓いの言葉がよく引用されます——

「いと聖なる天主、全能の御父、御身は心ねじけたるものの邪《よこしま》をこらしめ、正義を守らんがため地上に剣を用いることを許したもうたなれば、また御身は民草を庇い護らんがため騎士道の掟を定めたもうたなれば、ここなる汝の僕《しもべ》をして、常に善に志さしめ、みだりに人を傷つくる目的に剣を振るうことなからしめ、正義と法とを守らんがためにこれを用いせしめんことを。」

厳粛な雰囲気の中でとり行われた儀式が終了しますと、このあと〈図Ⅶ－7〉の絵にあるようなカンテーヌ競技が催されます。カンテーヌというのは標的になる回転式のかかしのことで、これをめざして、新任の騎士が突っ込んでいきます。非常にうまく突けばよろしいのですが、へたをしますとカンテーヌが一回転して、右手の棒で思いきりたたかれるため、落馬の醜態を演じなければなりません。実技試験に相当するこの競技が無事に終わりますと、あとは盛大な飲んだり食ったり騒いだりの大祝宴、しばしば徹夜の大祝宴が繰り広げられます。

さて、以上のべたような長期間の見習い修業と、そして盛大な儀式を経て、ようやく騎士身分になれたわけですが、それならば、いったい騎士の権利と義務は何かということが当然問題になりましょう。ところが、権利といいましても、これは精神的なものにすぎなかった。つまり、騎士になったからといって、そのため金をたくさんもらうとか、土地をたくさんもらうなどということは、それ自体ありえなかったことなので、いわば非常な名誉、エリートとしての意識を身につける程度です。もっとも実際問題としては、戦士のエリートとして軍隊の首脳部で活躍しますから、その意味では具体的なプラスはあったというべきでしょう。それから、紋章をつけることが許されますから、精神的なことばかりとはいえませんけれども、どちらかといえば物質的なことよりも、精神的な権利のほうが大きい比重を占めていた。一方、義務はどうかといいますと、これまた精神的なものであって、宗教的には「汝、平和を好み、雄々しく、公正にして、神に献身する騎士たれ」（マンド司教ギヨーム・デュランの説教）に要約されます。「神に献身する騎士」――これは具体的には、公教会と聖職者を守護する騎士とほぼ同義になりましょう。「平和を好む」戦士であることがはたしてどこまで可能であるかは疑問ですが、傷ついた敵をいたわるとか、弱者（寡婦、子供、老人）を助けるべきだという考え方は、いわゆる騎士道精神として尊重され、荒々しい戦士の気質をある程度やわらげたことは確かです。

次に、世俗的見地からすれば、これが縦軸関係と水平軸関係のあいまいさなのですが、資格的に対等といっても、やはり日ごろから世話になっている自分の主君に対して忠義を尽くすことが義務として要請されます。それから個人的には何よりも名誉を重んずることが要請される。ただし、名誉を重んずるといっても、過大な名誉心にとりつかれますと、ローランのような軍事的な失敗をおかすようになりますが。ちなみに、のちの貴族制度下でもてはやされた言葉に、「魂は神に、命は国王に、名誉は我に」というのがありました。

いったん騎士になったら、どんなことがあっても騎士でいられるかというと、けっしてそういうわけにはいかない。ときには（主として軍事的裏切りのケース）、騎士の資格を剥奪されることもありました。すなわち、戦士身分の象徴である武器を取り上げられ、さらに、乗馬に欠くことのできぬ拍車も断ち切られたあげくに、騎士身分から追放されてしまいます。

騎士社会のサロン化と堕落

このような騎士社会は、十一世紀から十二世紀の後半にかけて、非常にみごとな内実を維持していたと思われるのですが、この講座でさまざまな視角から取り上げられますように、十二世紀から十三世紀にかけますと、社会の構造が変化いたします。徐々に自給自足的な農業経済から貨幣経済への移行が始まる。そして都市が発達する。それにともなってブルジョア（町民）の勢力が拡大するといった次第で、戦士社会の地盤が相対的に沈下いたします。相次ぐ戦闘や十字軍の出費によって経済的実力が劣ってくる。もちろんこの間に、土地・財産を増やす者もいますから、おしなべて戦士身分が弱体化したわけではないのですが、内部の貧富の差が増大します。富める騎士と貧しい騎士との分化が始まる。かつて彼らを支えていた一枚岩のような共同体意識に亀裂が生じるわけです。

そうしますと、身分の高い騎士は、簡単にいいますと、かなりサロン化してまいります。ただ単に強いだけではだめなので、宮廷にいて華やかな貴婦人を相手に礼儀正しく振る舞い、気の利いた会話をしたり、優雅な恋をしたりすることが重要な教養として期待される。例えばトマの『トリスタン物語』では――『トリスタン物語』には、非常に荒々しいベルールの流布本系統と、繊細なトマの宮廷風騎士道物語系統の二種類がありますが――トマの主人公トリスタンは、幼年時代からもちろん武芸の修業をいたしますが、それだけではなく、竪琴を習ったり、レ・ブルトンといわれる短い恋物語を上手に弾き語ったりする稽古もいたします。このように身分の高い騎士は、サロン化して華やかな風俗を追うようになる。

一方、身分の低い騎士は、狭い土地とその収益に見切りをつけて放浪する場合もありましょうし、あるいは土地そのものを借金の抵当にとられてしまう場合もあるでしょう。彼らはどういうふうにして金を稼ぐかというと、いわば渡世人のように、どこか戦争のあったときに加勢に行き、戦力提供の代償に食べさせてもらう。つまり傭兵になるわけです。あるいはトーナメントで賞金や賭金かせぎをします。観覧席を設け、周りを矢来のように仕切って、その中で戦闘の予行演習ともいえる騎馬槍試合《トーナメント》をいたします〈図Ⅶ－8〉。必ずしも馬に乗って戦うばかりでなく、馬から降りて戦う場合もあります。このトーナメント（フランス語のトゥールノワ）は、武勇を競うことはもちろんですが、単なるスポーツではなくて、金もうけの手段であったわけです。あるいはバクチといってもよろしい。金や馬や武器・武具などを賭けて試合をする。勝てばいいのですが、負ければ身ぐるみはがれる。払いきれない場合には、親兄弟が請け出しにくるまで、捕虜のように身柄を拘束される場合もありました。死傷者も出る非常に激しい闘技だったわけです。第一回十字軍のころのフランスに生まれたようです。ファブリオなどという日本の落語に近い作品の中には、トーナメントで負け、無一文で帰っていく哀れな騎士の姿も描かれております。なお、騎士社会の地盤低下を物語る話は、ほかにもファブリオの中にみえます。例えば、新興ブルジョア階級で、金はあるけれども身分がない家の息子と、古くからの騎士階級で名前はあるのだけれども、金がない家の娘とを両方の打算で縁組みさせる話などです。

図VII-8　騎馬槍試合（トーナメント。*La Chevalerie et les Chevaliers* より）

十二世紀の後半に活躍した物語作家クレチアン・ド・トロワに『ペルスヴァル』という作品がありますが、戦士社会がいかに荒っぽいものであったかは、この『ペルスヴァル』

を読むとよくわかります。すなわち、主人公ペルスヴァルの父親は戦いで重傷を負い、二人の兄たちは決闘で殺されてしまいました。母親は息子を騎士として育てるかぎり、父親や上の息子たちの二の舞をさせることになると考え、森の中に隠れてひっそりと育てるのですから。ただし、この息子も彼女に背いて、騎士になるため森を出て修業の旅に出かけてしまいます。ところで、先ほど申しましたように、この時代のすぐれた騎士は、単に強いだけでは通用しません。ペルスヴァルはアーサー王の宮廷に赴いて、天才的な強さを発揮しますが、満足な口の利き方を知らない、服装はみっともないというわけで、宮廷では笑いものにされてしまう。やはり彼がアーサー王の円卓の騎士の一人として認められ、尊敬されるためには、もっと修業して教養を積まなければなりません。

一方に洗練されサロン化する騎士、他方には傭兵化したり渡世人化する身分の低い騎士——このような分裂傾向を、非常に残念なことに考えた同時代人もおりました。例えば、北フランスでは、『真実の書《ラ・ビブル》』という作品を書いたギヨー・ド・プロヴァンが、当代（十二世紀末）の騎士社会の堕落を嘆いております。南フランスでは、酒は飲む、肉は食う、女を追いかける、歌をうたうというたいへん元気な聖職者がおりまして、モンジュ・ド・モントードンという名前ですが、これが辛辣な歌を残しております（モンジュというのは南フランス語で、北フランス語のモワーヌ、修道僧の意味）。このモンジュ・ド・モントードンが作りましたシルヴェンテス（一種の時局諷刺詩）の中に、近ごろ腹が立ってしかたないものを列挙した詩があります。口ばかりうまくて誠実さのないやつだとか、あたら名馬が軍馬としてではなく駄馬として使われていることとか、一太刀も受けたことがないくせにものものしく楯などを持ち歩くお殿さま、そういうものは一切不愉快だという憤慨の気持ちをこめて歌ったシルヴェンテスです。実力のない、名ばかりの騎士が横行している様子がうかがい知れるではありませんか。

騎士制度の構造と騎士道

このようにして十二世紀中葉以降、騎士制度が内面的に崩壊の道を歩むようになります。表面的には華やかですが、先ほど申しましたように内実が薄れていく。なおまた、崩壊を加速度化したものとして、公教会側が介入の度合いを強めていったことを挙げねばなりません。騎士叙任式はいよいよ宗教儀式化してくる。仕草の一つ一つ、服装の一つ一つに宗教的な象徴を担わせた、形ばかり華やかな儀式になってしまい、初期の簡素な叙任式にみなぎっていた内的な緊張が薄れてしまったと考えられます。が、公教会介入の最たるものは、軍事修道会（騎士団）の結成とその強化でありました。

軍事修道会（騎士団）というのは、修道会組織でありながら軍隊的な性格をもったもの、つまり、わが国の僧兵に似たようなものですが、いちばん有名なものとして、エルサレム聖ヨハネ救護騎士団（十一世紀末結成）というのがあります。これはのちにロード、さらにはマルタの騎士団になるものです。そのほか、一一一九年に結成された聖堂騎士団《タンプリエ》、聖墳墓騎士団が有名ですが、後者は第一回十字軍の総指揮官ゴッドフロワ・ド・ブイヨンが創設したといわれるものです。これらの軍事修道会は、軍事的には非常に強力かつ有能な組織でありまして、エルサレム周辺のキリスト教勢力の中核となる存在でありますが、これがなぜ騎士制度の足を引っぱったかと申しますと、国際的規模で非常に優秀な人材を引きぬいてしまったからなのです。スカウトされなかった、ヨーロッパに残っている騎士が全部凡庸だというわけではありませんが、全体としてみるとかなりレベルが落ちる。それにまた、本来個人の資格が問題とされて、国籍や団体籍に捉われない存在であったはずの騎士を、特定の軍事修道会の騎士という枠にはめてしまう。理想的には自由な個人的な制度であったはずの騎士制度を、固定した組織の中に組み込んでしまったのです。しかも、この軍事修道会は、強化されるにつれて本来の使命から逸脱して、とかく利益追求に走るという傾向がありました。その最たるものは聖堂騎士団で、莫大な富を蓄積して、法王や王侯に金を貸したほどですが、この富に目をつけたフランス王フィリップ・ル・ベルに弾圧され、一三一二年には法王クレマン五世の命で解散させられてしまいます。

半ば利益追求団体化したこのような軍事修道会に属する騎士が、理想の騎士から程遠い存在であることは、多言を要さないことでありましょう。

一方、国王のほうでも徐々に中央集権化を進めてまいります。争いの結着をつけるのにも、簡単に私戦や決闘という手段で黒白を決するわけにはいかなくなります。公教会の「神の平和」にならい、「国王の平和」を強要して封建領主どうしの私闘をおさえにかかります。例えば、十二世紀末に作られた『ルナール狐物語』という作品の中で、獅子王ノーブルがルナール狐と狼イザングランとの争いに対して、当事者どうしが勝手にかたをつけることを禁止し、国王による裁判で解決するように命じています。この例は、とりわけフランス国王による中央集権化を証言するものとして有名であります。華々しい騎士の活躍にも制約が課せられるに至ったのです。中央集権化で活躍する行政・司法担当者（官僚）に、市民階級出身者が登用されるようになったことは象徴的でもあります。

しかしながら、騎士制度にとって最も困ったことは、騎士身分が世襲化されるようになったことでしょう。かつてあったような、理想的には努力次第でだれでもなれる（実際にはごくまれなケースでしょうが、奴隷身分の者が騎士にとりたてられた例もあった）、だれであっても修業を積まなければなれないはずであった騎士から、今や何の資質もないのに、修業の努力もしないのに、ただ単にその家柄がよいというだけの理由で自動的になれる騎士に変質してしまう。騎士の称号が世襲の肩書に変わってしまう。そのようなことになっては、騎士制度はいよいよ内的な緊張を失っていく。固有の生命力を失い、存在理由が希薄になっていきます。元来がキリスト教と戦士制度の奇妙なアマルガムではありましたが、かくして宗教と世俗の制度に組み込まれてしまい、神との人格的結合を意識した騎士の代わりに、名ばかりの騎士になってしまいます。もちろん騎士制度が十三世紀以後、衰退し放しであったというわけではなく、例えばホイジンガの『中世の秋』で知られたブルゴーニュ公国で花を咲かせるのですが、しかし、あれは華やかですが、ほんとうの意味での、いわば神を自分の中心に据えた騎士制度であったかどうか、私はきわめて疑問に思います。

この特異な制度、あるいは存在であった騎士が後世にいったい何を伝えたかという問題ですが、騎士の心得（騎士道）——人間の闘争本能はいたしかたないこととしても、これをある程度ルールで規制し、傷ついた相手を徹底的に痛めつけないとか、あるいは弱者を保護するとか、女性に礼儀正しく振る舞うとか、それから何よりも名誉を重んずる精神——は、のちの紳士の心得に受け継がれたのではないかと思います。ただし、かりにこれを紳士道と名づけますと、その紳士道と騎士道との根本的な違いは、先ほど申しましたように、そこに神との人格的結合が意識されているかどうかという問題でありまして、理想的な騎士の場合には、そのような神が必ず自分の内部に定位されたに違いない。これに対して、紳士道においては神を意識していたとしても、その度合いが切実であるべき必然性はない。いうなれば紳士道とは騎士道の世俗版であったこと、私はそう理解しております。

鼎談（Ⅶ）

堀米庸三
新倉俊一
木村尚三郎

木村　ただ今、新倉さんから、「騎士道」と題するお話を伺ったわけであります。今回のお話は次回の騎士の女性に対する崇敬の問題と、さらにその次の封建制度の問題と非常に密接にからみ合っている問題でもありますので、これから騎士という、ヨーロッパに成立いたしました一つの身分についていろいろと総合的に考えてみたいと思います。

騎士道と私たちがふつう申しますと、非常にきらびやかに着飾った騎士の姿であるとか、また優美な宮廷生活であるとか、こういったことを思い浮かべるわけであります。しかし、こういった姿は主として中世の末期以降に出てくるわけで、本来の騎士の姿はもう少し違った姿であった。つまり、非常に荒々しい一面をもっていたわけであります。戦うのが本来の職業であるわけでありますが、それと同時に、とくに十一、二世紀、今日、新倉さんのお話しになった時代におきまして、その騎士なるものが平和を旨とするところのカトリック教会、キリスト教と密接に結びついていた。いわば、キリスト教と騎士身分との奇妙なアマルガムの産物というふうになっております。また今日のお話の副題にありますように、まさに騎士なる者が剣を振るうキリスト者というふうになっていまして、これはその当時の騎士の実態を表す言葉としてたいへん適切だと思うわけであります。

新倉さん、今のお話ですが、確かにちょっと常識で考えると、剣を振るう者とカトリック教会が結びついたというのは、私たち日本人にはなじまない面があるわけですが、まさにそこがその当時の騎士の特徴であったわけですね。この十一、二世紀にとくにカトリック教会と騎士道が結びついてきた事情としては、どのような理由が考えられるのでしょうか。

キリスト教と騎士との結びつき

新倉　いわゆる戦士的なものとキリスト教との結びつきは何も騎士だけではなくて、中世を通じてそのことが非常にたくさんあったのではないか。例えばフランク王国メロヴィング王朝のクローヴィスのキリスト教への帰依、その前のカロリング王朝のカール大帝、シャルルマーニュのローマ皇帝戴冠式が法王の手で行われていた例でわかるとおり、両方の対立する原理のものが結局お互いを必要とするということがあったと思うので、私はそういう全体の流れの一環として考えたいのです。ただ、そういう政治的なものとまったく同じものかというと、どうもそうではないのではないか。やはり先ほど申しましたように、十一、二世紀に、キリストつまり神をもう少し人間的な次元で人格的に捉えるという、そういう一種の内的な欲求が社会の各部門に広がっている。それが一つの大きなファクターになっているのではないかと考えますが、いかがでしょうか。

堀米　先ほど騎士道と紳士道との区別もそういった人格神が心のどこかにあるかないかということでご説明なさいましたね。あれは、おもしろい考え方だと私は思います。と同時に、キリスト教と戦士社会との結びつきは、これはキリスト教そのものが起こりましてから、騎士道が起こるまでに千年以上もあるわけですから、その間にたいへん長い時間が経過している。

それからローマの帝国の中でキリスト教を公認しましたコンスタンティヌスという大帝がありますが、このコンスタンティヌスがキリスト教を公認したあとでは、キリストのために血を流すことは尊いことである、だから今までの反戦的な考え方から、むしろ軍隊の中に入ることを勧めるというようになって教会自体の考え方も違ってまいりますね。

それから一足とびに『ローランの歌』までまいりますと、先ほどの歌の中には出てまいりませんでしたけれども、たいへん勇敢な聖職者があの中に出てくる。チュルパンですね。チュルパンというのは『ローランの歌』の中では実在しているきわめて例外的な人物の一人です。チュルパンという僧正、その当時の司教ですね。そのチュルパンに代表されるような戦士的な聖職者は実に多いんです。

十一世紀、十二世紀というのは、戦士身分のものが戦士的であるというのは当然のことですけれども、聖職者自体が非常に戦士的な意識をもっている。そういう時期なんですね。それで私は十二世紀に非常に魅力を感じるのはそういうような点なんです。

例えばこの講義のはじめのほうにもありましたグレゴリウス改革のいちばん最初の代表者

であるレオ九世というローマ法王は、南のほうにいたノルマン人をやっつけるために自分が軍隊の先頭に立って出ていった。そして、かえってさんざんにやっつけられて捕まってしまう。もちろんレオ九世が剣を振るったわけではありませんが、軍隊を率いて出かけて行った。

　またブルノーという、これは非常に重要なドイツの伯の家柄の人で、当時のハインリヒ三世という皇帝の一族にあたる人で戦士身分の出の人ですが、そういう人がたくさんグレゴリウス改革といったような重要な改革を担う人のなかにいる。ですから、イギリスのほうで例の重要なヘンリー二世との争いを起こしたトーマス・ベケットにいたしましても、まだほんとうの聖職者になる前には一軍の大将になって南フランスで戦っておりますし、そういった騎士的聖職者は非常に多い。ですから、そういうような社会で、騎士道というもののなかに戦士的な理想とキリスト教の理想が二ついっしょに結びつくというのはきわめて当然だったわけですね。

身分制度としての騎士階級

木村　キリスト教自身が非常に血のにおいがするといいますか、そういう性格が強くて、戦士が、騎士がキリスト教を信ずると同時に、都市などの場合には逆に司教が自ら武器を持って都市を守ったりしていますね。そういう両面があるわけですね。ある意味では、当時の騎士はエリートであるわけですけれども、当時はまずエリートとしての騎士と農民がいて、エリートのなかの最高のエリートが聖職者になったというふうにいってもいいのではないかけれども。
堀米　最高のエリートは騎士になる場合もあるし、それから聖職者になる場合もありますと私は思っているのですが。
新倉　サン・ベルナールなどは確か騎士の家の生まれですね。
堀米　そうです。聖職者だけが、だけといっては間違いですけれども、聖職者になることが下層の人間が社会的に上昇できる道だったわけですが、騎士の場合でも下層の身分から上っていったというのもけっしてまれではありませんね。
新倉　奴隷の身分から騎士に取り立てられた例がございますね。
堀米　それはドイツでいちばん多いんです。奴隷といっても家内奴隷的な意味のものですが、これがドイツにはミニステリアーレスという名前でたくさん出てまいります。フランスやイギリスの場合はそれはそんなに目立っておりませんが、ドイツはそれが非常に多い。十三世紀にはこのミニステリアーレスという元来は不自由な身分出身の騎士が多くみられますが、大部分のものはそうではない。それぞれのしかるべき家柄の人間だということになりますけれども。
木村　ただ、騎士の下の身分ですと、南フランスとかイギリスでは富農が騎士になるという例がありますね。つまり、封建制が不完全な地帯だとそういうことが起こるようですね。
堀米　それに、血のにおいがするといいましたけれども、これは今からみれば血のにおいがするというのは何か悪いようなイメージをうかばせますが、当時は血のにおいがするのは当たり前の世の中なのです。だからそういう現代の概念で十二世紀の事態を着色してみてはならない。それは当たり前のことなんです。ですから、フランスの場合、ことに南フランスのように治安がわりに悪かった、そして大きな領域にわたって平和の維持にあたる人間の少なくなかったところでは、教会自体が城塞になっているでしょう。そしてその指導者は当然軍隊を指揮しなければならない。そういうような状態でもあったわけですね。

木村　そういった騎士とか教会の戦いのなかから平和を求める気持ちが起こってくるわけで、これが騎士道というものだと思うのですが、あれは基本的には職場の倫理というふうにいっていいのでしょうか。

新倉　そうではないでしょうか。つまり、かなり現実的な計算もございますね。戦いに負けても息の根を止めないで、返してもらいたいということがあると思うのですよ。単に宗教的なものだけではなくて。

共同体的意識と倫理観

木村　そこで新倉さんが共同体幻想というたいへんおもしろい言葉でおっしゃったように、騎士が十一、十二世紀に一つの共同体的な意識、神と人格的に結び合うという意味で共同体的な意識をもっていたというわけですね。そこで非常にヨーロッパ的なインターナショナルなものが生まれていたということは、おもしろいところですね。日本にはない国際性があったわけですね。

新倉　国民国家形成以前ですから。

堀米　イギリスもフランスもドイツも生まれる前に、ヨーロッパというものがあったわけなんですね。そういったことが日本のわれわれにとっては非常に理解に困ることなんですが、シャルルマーニュが西のほうの世界を自分が皇帝になることによって一つの新しい世界につくり直した。これがすなわちヨーロッパなわけですからね。そのヨーロッパというのは、各々の民族国家ができる前にすでにあった。そしてこれがキリスト教世界、カトリック教世界として、一つの実在としてあったわけですね。ですから、そこに騎士社会というものの国際的な性格、インターナショナルな性格が同時に生まれてくるわけですね。

木村　結婚を通しても、お互いに騎士だけでは独自の世界をつくっておりますね。たいへんおもしろいことで、そのなかで先ほどもお話が出てまいりましたが、騎士道にいちばん基本的に大事な正義、お互いに公正に付き合っていくという正義という観念は、その後、神と切断されたかもしれませんが、近・現代まで伝わってきているのではないでしょうか。行いを正しくし、うそをつかないということでね。身をもって強きをくじき弱きを助ける。何か日本の武士道と少し性格が違うような気がするのですが。同じ封建社会で、同じ戦士群が出てくるにもかかわらず。

堀米　それはこの次、ないしはその次あたりの講義のなかでお話ししなければならないことになると思いますけれども、例えば正義というふうな場合、自分の正義はどこまでもつらぬく。相手の正義も認めるかもしれないけれども、自分の正義、それはまた自分の権利ということにもなりますね。そういうような考え方は日本とは比較にならないほど強いものであるということになりますね。そういう点で日本の武士道というのは、主君のために臣下がもつべき倫理が非常に強調されているのに対して、西洋の場合には、主従の従のほうに非常に強い権利が認められている、というところで大変な違いが出てまいりますね。

木村　さっき新倉さんがおっしゃった水平軸の関係ですね。主君といい臣下といっても、騎士としては同じであるという、あの性格がヨーロッパの場合には非常に強いですね。日本では主君は絶対であって、臣下は主君がどうわがままをいおうが尽くさなければならない。むしろ戦場においても平時においても主従の一体化ですか、生死を共にするということが日本の場合には強調されているようですね。だから、そういう意味では非常に個人的、人格的な一人の主君との結合だけが日本の場合には強調されますね。その結果、主従関係の行動が社会的に正義にかなっているかどうかということは、あまり強く意識されていなかったのではないかと思うのですが。

堀米　日本の封建倫理の場合には、忠臣は二君にまみえずでしょう。ところが、ヨーロッパの場合は、それは理想であったのですが、なかには三十人も四十人も主をとっている人間がいるというわけで、中世というのはつねに分裂をしているわけですね。しかも、その分裂は単に利害ということだけではない。例えばローマ法王に仕える。片方は国王に仕えるということの二つの場合には、いったいどちらの義務を先にしたらいいのかということになったならば、これは完全に分裂してしまうわけです。純粋に宗教的に考えるならば、ローマ法王のいうことを聞かなければならないということにもなります。だから、そういう意味で日本の場合とは恐ろしく違った中世の観念といいますか、そういうものも出てくるんですね。

新倉　ところで、この騎士制度の場合だけではないのですが、実にカトリック教会というのはタフな存在ですね。必ずどこかと戦って、負けたようにみえても勝っているとか。

日本の戦国時代に近い当時の騎士社会

堀米　その点では、カトリック教会は、今日に至るまで確かにタフをきわめた存在ですが、同時に、先ほどお話のありました例のトーナメントですね。トーナメントというのはすごいものですね。あれはほんとうに生死をかけた闘技なんですね。あとでだんだんショーみたいな要素も加わってまいりますが、あれは相手を殺しても何にも文句をいわれない。そして勝てば相手の身ぐるみをはいで取るということは当然の権利として考えられていたわけですから。ああいう考え方は日本にはないんではないでしょうか。

新倉　フランス王フィリップ・オーギュストなどは、自分の息子、のちのルイ八世になる息子が騎士叙任式を受けまして、そのあと当然トーナメントに出なければいけないのだけれども、やはり息子かわいさから絶対に出ないように誓約を取ったといいますし、ラテラノ公会議でも二度ばかり禁止していますね。

堀米　そうなんです。それは非常に危険が多いし、それからまたそれが賭などが多くなりすぎて、かえって社会を混乱させる。あるいは堕落させる要素が多くなったものですからね。

ですが、それにもかかわらずトーナメント熱はものすごく強かったですね。そしてまたあれはスポンサーがあって、国王ならば国王、大諸侯ならば大諸侯がスポンサーになってそしてそれを催すことになりますと、例えば国王などは、それをある諸侯に認めるということによって、その諸侯から認可料を取るわけですね。

新倉　リチャード獅子心王などはそれで相当金をもうけていますよね。（笑）

堀米　いつでも金がなくなると彼はそれをやるわけです。それからまた、そうしますと人がたくさん集まりますから、そこにたくさんの商人が出入りして、また農民たちがそこにいろいろな農産物を持っていって金に換えるという手段にもなるというわけです。これは当時の社会にとっては、一つの欠くことのできない生活の手段でもあったのかもしれませんね。

木村　非常に戦いを好んだということがあったようですね。

堀米　それはちょうど日本の鎌倉時代や戦国時代、あの時代なんですね。日本の封建制度とヨーロッパの封建制度を比較して考えます場合に、徳川時代を絶対に比較してはいけないんです。徳川時代はもうすでに封建制度なんだけれども、これは化石化した封建制度で、本当に生きた封建制度は平安の末期といいますか、鎌倉時代から戦国時代を通じてあったものなんですね。それこそがまさにわれわれがヨーロッパで十一、二世紀、ないしは十三世紀まで考えているところの封建制度とパラレルに理解できるものなんです。どうも日本の歴史家などはそのへんの理解が非常に欠けている、ということを私たちはつねに強調したいところなんですが、これは直りませんね。何でも徳川時代という。これはとんでもない間違いなんです。

木村　強いていえば戦国時代がいちばん共通する面があるわけですね。

堀米　ですから、徳川時代は武士道として例えば『葉隠』が出てくるというのは、西洋の場合でも、騎士道が最後に何か倫理的に体系化されるというのとまさにパラレルなんです。騎士道がすでに衰えた証拠なんですね。

新倉　実体がないからかえってそういうコードを作っているんですね。

木村　騎士の実体はだんだん衰えていくけれども、しかし、その身代わりといいますか、騎士でなくて新しい、例えばブルジョアジーですか、こういった人たちは案外騎士の精神を受け継いでいく面もあったのではないでしょうか。

堀米　そういうふうにしてあとに残された倫理的なコードといいますか、これは実に長い生命をもっていたわけですね。

木村　現代までつづいているかもしれませんね。

新倉　つづいていると期待したいですね。

木村　今日はどうもありがとうございました。

VIII 愛、この十二世紀の発明

新倉俊一

身分によって異なる女性観

「愛、この十二世紀の発明」という題に多少奇妙な気持ちをおもちになる方も多いと思いますが、これはフランスの歴史家セニョーボスあたりから発した言葉のようです。男女間の愛は『旧約聖書』の昔から当然存在していたのですが、現在われわれが考えるような愛、すなわち男と女が対等の意識、感情をもって接しあうという愛はどうやら十二世紀に源を発しているのではないか。少なくとも私どもはそのように考えるものですから、この、やや突飛な表現を選んだ次第です。

今日は十二世紀の「発明」である愛（かっこつきの発明ですが）、この愛がいったいどのようなものであったかを、例のとおり主として文学的な作品に証言を求めてお話ししたいと思います。

封建時代の社会を考えますとき、私たちは、第一身分としての聖職者、第二身分としての戦士階級、第三身分として農民・町民からなる社会階層を思いうかべるのですが、前回の話との関連から、まず第二身分の戦士階級においていったい女性が、あるいは愛がどのように考えられていたか、そのことを調べてみたいと思います。

いろいろ作品はありますが、前回でご紹介した武勲詩『ローランの歌』にその材料を求めてみましょう。前回は詩文と細密画によって、ローランの壮烈な最期の場面を偲んでいただきました。ところで、その最期の場面に至る前に、角笛を吹いてシャルルマーニュの大軍を援軍として呼ぶかどうかについて、親友のオリヴィエとローランが激しく論争するところがあります。その際オリヴィエは、ローランをののしって、「この髯に誓って言うが、再び優しき妹オードに会えたとしても、抱いて寝ることを許しはせぬぞ」といい放ちます。オリヴィエの妹オードは、ローランの許婚者でありました。この言葉からわかりますように、妹は兄の意思によって、いわばロボットのようにあやつられる存在、そういう感じがいたします。そして、シャルルマーニュがローランたちの復讐をとげて首都アーヘンに着いたとき、恋人の死を嘆き悲しむオードに向かって、大帝はこう慰めの言葉をかけます。「そちにはよい替わりものを取らせるぞ、それはルイだ、これ以上のものはない。わしの倅じゃ、やがてわしの国を支配するぞ」と。つまり、オードの内面の悲しみなどは、シャルルマーニュの関知したことではないので、むろん大帝の善意は疑うべくもないのですが、いわば品物でも取り替えるように自分の息子を取らせるといっているのです。それにまた、ローラン自身、瀕死の状態でさまざまなことを回顧しますが、許婚者であるオードはただの一度も彼の脳裏にひるがえってこない。そういった具合で、女が戦士にとって

図Ⅷ-1　さらし者になった聖職者と女（Delort 前掲書より）

対等の人格的存在として意識されることはほとんどなかった。一般的に申しまして、女性は彼らの欲望の対象でしかなかった、といっても過言ではありません。

では、第一身分の聖職者にとってはどうかといいますと、女性はイブの後裔でありますから、諸悪の根源、たえざる誘惑の契機として意識されております。聖ヒエロニムスを筆頭に、彼らはおしなべて反女性思想の持ち主です。もちろん聖職者が女性や結婚に対してまったく否定的かといえば、そうではないので、やはり人間という種の保存のためにはやむをえざる必要悪だと考えておりました。そのため、性を婚姻の秘蹟の中に閉じこめ、挙式の仲立ちをつとめる、といった具合でしぶしぶ女性の存在を認めていたわけです。

これは余談になりますが、そういう聖職者が女性に対して常に禁欲的な態度をとっていたかというと、これは必ずしもそうではなかった。聖職者のスキャンダラスな女性関係は、ファブリオのような現実主義文学に格好の題材を提供していますし、またみだらな行為があばかれて、さらし者になったところの図版も残っているくらいで〈図Ⅷ－1〉、言行不一致は当時からあったわけですけれども、とにかく彼ら聖職者が女性を非常に低く評価していたことは確かです。

それから第二身分のなかでも、世俗権力を握っていた領主たちの場合はどうかというと、結婚とは領地の保全、拡大の手段であり、したがって、娘や妹を結婚させたあとで相手の家と折り合いが悪くなりますと、血族結婚であるというような理由を、あるいは婚姻手続きが不備だといった理由をもちだして結婚を解消させる。つまり、大貴族間においては、女性は勢力拡大あるいは同盟関係の維持に必要な存在であったわけです。

新しい愛の観念と南フランスのトルバドゥール

ところが、このように女性が貶められていた状態は、十一世紀末～十二世紀の南フランスで変わってしまいます。女性を高貴の存在として崇敬し、また憧れるすぐれた貴婦人に、熱烈なしかもへりくだった愛を捧げることで自己をより高い存在に向上させる、そして、愛の成就が困難であればあるほど愛の質が高められる、と主張する新しい愛の観念が発生したのです。このような愛の観念をうたった人たちは、南フランスでトルバドゥールと呼ばれております。このトルバドゥールというのは、トルバール（「創作する」）から作られた名詞で「創作する人、詩人兼作曲家」の意味です〈図Ⅷ－2〉。なお、北フランスでは

図Ⅷ-2　トルバドゥール

同じ意味のトルヴェールという言葉で詩人兼作曲家を呼びました。ついでに申しますと、この人たちは宮廷に仕えて、かなり尊敬されていた芸術家であり、旅芸人のジョングルールとは違いますから、「吟遊詩人」という訳語は不適当でしょう。われわれが知っている最古のトルバドゥールは、アキテーヌ公・ポワチエ伯のギヨーム九世であります。このギヨーム九世については、このあともう少し詳しくお話しいたしますが、とにかく南フランス語圏はこのギヨーム九世とか、あるいはベルナール・ド・ヴァンタドゥールとか、ジョフレ・リュデルといったすぐれた詩人たちが輩出いたしまして、文学史的にも、また音楽史的にも注目される作品を残しております。

このトルバドゥールの愛についてお話しする前に、ここでご紹介しておきたいものがあります。トルバドゥールの最盛期は十二世紀なのですが、それより一世紀下がった十三世紀に『トルバドゥール評伝』というものが作られました。これは詩人の生涯をのべた

「伝記《ヴイダ》」の部分と、それからある詩の成立事情を示した「解題《ラツソ》」の部分から成立しておりますものの、詩人によってはこの「伝記」と「解題」の両方が伝わっている人もおりますし、「伝記」だけあって「解題」がない人もいます。

例えばこれからとりあげるジョフレ・リュデルの場合は、次のような「伝記」の部分しかありません。

「ジョフレ・リュデル・ド・ブライユはいとも身分の高い貴族で、ブライユの領主であった。そしてかれはアンチオキヤから戻った巡礼者の口からトリポリ伯夫人のよき評判を耳にすると、見ぬうちから夫人に恋してしまった。そのため夫人についてことばこそ貧しいが、美しい調べの歌を数々作った。さらに夫人に会いたい一心から十字軍に加わって出航するが、船中で病いを得て、トリポリは、とある宿に瀕死の状態で運び込まれた。このことが伯夫人に知らされると、夫人はかれのもとに訪ねてきて、その腕の中にかれを抱きかかえた。するとかれは、それが伯夫人であることに気づいて、音を聞く力と、においをかぐ力を取り戻し、夫人に会えるこの瞬間まで生き永らえさせてくれたことで神に感謝した。かくして、かれは夫人の腕にいだかれたまま息を引き取った。そこで夫人は丁重に礼を尽して、聖堂騎士団の神の家にかれの亡骸を埋葬した。そして同じ日、しばらくして、夫人はかれの死を悲しむあまり、修道院にはいったのである。」

〈図Ⅷ－3〉

図Ⅷ-3　トリポリ伯夫人に抱かれて息を引きとるジョフレ・リュデル（H.Davenson; *Les Troubadours,* Ed du Seuil 1961より）

　このようにすぐれた女性への愛は命を賭けるに値いしたのです。このような愛は、古典古代にも、また、それまでのキリスト教世界にも存在しなかったものです。この美しい伝説は、そのあと数々の詩人、小説家にヒントを与えまして、後世に長く伝わります。

　実際にジョフレ・リュデルがトリポリ伯夫人に会うために行ったのかどうか、これはまったく疑問です。この話に限らず、『トルバドゥール評伝』は、詩人たちの全盛期の十二世紀ではなく次の世紀に作られたものですから、歴史的な信憑性は大いに疑わしい。その多くは作者たちの空想の産物でありましょう。しかし、少なくとも精神的な風土はかなり濃厚に伝えているのではないかと考えられます。いずれにせよ、これはヨーロッパ文学史上、最古の文学的評伝なのであります。

　ジョフレ・リュデルが一一四七年の十字軍に加わったらしいということは、だいたい確

Lan quan li jorn son lonc en may
E quan mi suy par - titz de lay
M'es bels dous chans - d'au - zels de lonh;
Re-membra·m d'un' a - mor de lonh;
Vau de ta - lan em - broncx e - clis
Si que chans ni flors d'al bes pis
No·m platz plus que l'y - verns ge - latz.

図VIII-4　「五月に日の長くなるころ」楽譜・詩（Davenson 前掲書より）

認されております。けれども、今の述べました伝記のもとになったのは、彼の「五月に日の長くなるころ」という詩でしょう〈図VIII－4〉。この詩の各詩節に二度ずつ、「はるかな」という表現がはめ込まれていて、はるかな愛、つまり、今会うことも愛を語ることもできない恋人への想いが歌われているからです。リュデルの作品については、「ことばこそ貧しいが、美しい調べの歌」という批評が先ほどの『評伝』にありましたが、この「ことばこそ貧しい」――紀貫之《きのつらゆき》の在原業平《ありわらのなりひら》評を連想させる――というのは、けっして語彙が貧弱というのではなくて、最盛期のトルバドゥールたちの、こりにこった技法と違い、簡素な表現で書かれ、しかも美しいメロディを伴うという意味であったと思います。ついでながら、この時代の抒情詩とは、「歌われる」ものであること、ことに南フランス語のそれは、メロディにのることで輝かしい美しさを放つことを申しそえておかねばなりません。

最古のトルバドゥール、ギヨーム九世

さて、われわれが知っている最古のトルバドゥール、ギヨーム九世というのはどういう人であったかと申しますと、この人は一〇八六年にフランス屈指の名家、ポワチエ伯家に生まれ、アキテーヌ公をも兼ねた大領主で、一一二七年に世を去りました。政治家としても、また、武将としても、あまり有能な人物ではなかったのですが、詩人として文学史に不朽の名前をとどめました。品行のかんばしくない人物で、「伝記」によると、「女をたぶらかす名人」、聖職者の書いた年代記によれば「悪徳の泥の中にはいつくばっている者」ということになっています。事実、最初の妻と離婚したあと、トゥルーズ伯家のフィリッパと結婚するのですが、シャテルロー子爵夫人と恋愛関係を結んで、周りの者がどんなにいってもきかない。しまいに教皇使節がやってきて破門すると脅すのですが恐れ入る気配もない。すなわち、はげ頭の教皇使節に向かって、わしが子爵夫人を捨てるくらいならば、櫛がお前の頭の髪の毛をすくだろう――つまり、お前のはげ頭に櫛をあてることがないように、子爵夫人を絶対に捨てない——、そういう大胆不敵なことをいったため、二度目の破門処分を受けた人物なのです。

この大貴族詩人は約十編の作品を残していますが、その半数は従来の戦士的女性観の産物、すなわち、女性を快楽の対象としか考えない、それもかなりどぎつい表現を用いた作品です。ところが、残る半数はまったく違った語調の作品なのです。まさにこれこそ、愛する女性に対してへりくだり、その女性を賛美する南仏恋愛詩の原型となる、そういう詩に変わっているのです。

いったいどうしてこのような変化が同じ人物に現れたのだろう、と人々はその「変身」を不思議に思うわけですが、スイスの学者レト・ベッツォーラが非常に大胆な仮説を立てました。すでに今野さんがフォントヴロー修道院についてのべられていると思いますが、このフォントヴロー修道院の創設に力あったのはロベール・ダルブリセルという人です。この人は、神との人格的結合を求める神秘主義的思想を説き、非常な影響力を発揮した説教家でありました。ただ、はたしてこの聖職者が道徳的にどこまで清潔な人物であったかは疑問なのですが、とにかく、俗世を捨て神の愛に身を捧げようと説く彼の弁舌に動かされて、多くの貴婦人たちがフォントヴロー修道院に入ってしまったのです。ギヨーム・ド・ポワチエについていえば、ふたりの妻、先妻のエルマンガルドと現在の妻フィリッパも修道院に入ってしまいますし、娘のオーデアルドも同様です。そこで、これではとてもたまらないというので、人格的な神への愛をすぐれた女性への愛に転位した、一種の恋愛審美学を創り出したのではないか、というのがベッツォーラの立てた仮説でありました。この仮説がはたして当たっているかどうかは、大いに議論の余地がありましょうが、ただ、その当時の時代風潮といたしまして、神との人格的結合が強く希求されていたことは確かなことでした。また、すぐれた女性の魂が男性の場合よりもはるかに純粋な理想を追求するのに向いているという考え方も、少なくとも一部に強くありました。ロベール・ダルブリセルの創設したフォントヴロー修道院は、そこに住む修道士と修道女を女子修道院長の指揮下におくように定めていました。そのような背景を考え合わせるとき、先ほどのベッツォーラの仮説がある程度の説得力をもつゆえんであります。

南とは異なる北フランスの恋愛観

さて、このような南フランスの恋愛詩、またそれに表現された新しい愛の観念は、やがて北フランスに移ります。北フランスに移るについては、この奇しくも最古のトルバドゥールであるギヨームの孫娘、アリエノール・ダキテーヌという女性が大きな役割をはたしました。この人は一一二二年に生まれて一二〇四年に世を去りましたが、最初の結婚は一五歳のとき、すなわち一一三七年、相手はフランス国王ルイ七世でありました。ところが、一一五二年にこれと離別、同年、プランタジュネ家のアンリ伯、のちのイギリス国王ヘン

図 VIII-5・6　アリエノール・ダキテーヌ（左）とヘンリ二世
（Davenson 前掲書より）

リ二世と結婚いたします。つまり、二人の国王を夫に迎えたたいへんスケールの大きい女性なのですが、政治的な力量もさることながら、文化の保護者としてはたした役割も大したものであり、南フランスの文化が北フランスに移植されるについては、このアリエノールの存在を抜きにしては考えられません。フォントヴローには、アリエノールの寝棺が二番目の夫ヘンリのそれの近くにおかれております〈図VIII－5・6〉。このスケールの大きな夫婦については、芝居や映画ですでにご存じの方もいると思います。両方とも強烈な個性の持ち主であったため、終始いがみあっていたようですが、死んだのちは、当人の好むと好まざるとにかかわらず、すぐそばに並べられました。アリエノールは、彼女自身がすぐれた文芸の愛好家、保護者であると同時に、その娘たちがまた文芸の愛好者、保護者でありました。シャンパーニュ伯夫人となったマリが有名です。このマリの宮廷はまさに北フランスの恋愛文学の中心地になりました。

ところが、南フランスと北フランスとでは、同じく宮廷風恋愛と呼ばれておりましても、少し様子が違うようです。南フランスの恋愛は南フランス語でfin amor《フィナモール》と表現されます。やはり女性を高く評価し、そして、それに対する献身を説くものですが、これは南フランスという土地柄のためでしょうか、非常に官能的な要素が強い。つまり、愛そのものを、生きる喜びを謳歌するようなところがあります。ところが、北フランスに移りますと——北フランス人の宮廷風恋愛はのちにアムール・クルトワ、英語でコートリ・ラヴと呼ばれるものですが——もっと手続きのやかましい、理屈っぽいものになります。南仏のそれが恋愛審美学であるとするならば、北仏のそれは恋愛倫理学の趣を呈するに至ります。例えばマリ・ド・シャンパーニュの宮廷で活躍した中世で最大の物語詩人のクレチアン・ド・トロワ、この人の傑作に『ランスロ』という作品があります。

ランスロは、英語読みにすればランスロット、アーサー王伝説に欠かすことのできない円卓騎士の一人ですが、このランスロは王妃グニエーヴル（ギネヴァ）に恋をしておりました。しかしながら、王妃の愛を得るためには、さまざまな試練を克服しなければならない。名誉ある騎士としてはとうてい考えられないようなことにも耐えねばなりません。中世の騎士にとって最も不名誉なことの一つに、何か罪を犯したりして、荷車に乗せられることがあります。馬を乗りつぶしたランスロは、王妃の探索のために、不名誉な荷車に乗らざるをえない状況におかれる〈図Ⅷ－7〉。やむなく乗るのですが、当然のことながら一瞬ためらった。そのことで、私への愛が足りないと王妃に非難されます。円卓騎士のなかでも抜きんでて強い騎士でありながら、王妃のためにあえてトーナメントに負ける屈辱も味わわねばならない。北フランスの宮廷では、貴婦人に恋する男に対し絶対的な献身が要求されるわけです。ことは物語の中で恋愛にやかましい吟味や規範が要請されるだけにとどまりません。マリの宮廷には宮廷付司祭アンドレという人物がおりまして、この人が『正しい恋愛技法』（一一八六年ごろ）という本を書いております。これはあとで鼎談の席で、このことにお詳しい堀米先生からお話しいただけると思いますが、さまざまな恋愛を分析して、どのような愛し方が正しいかを教える一種の恋愛の指南書なのです。このような思弁的な恋愛論が流行し、恋愛が厳しく規範化されるようなことは、トルバドゥール全盛期の南フランスではまず考えられないことで、北フランスと南フランスの、ひと口に宮廷風恋愛といっても、だいぶ性格が違うことがご理解願えるのではないかと思います。

ちなみに申しますと、このアンドレの『正しい恋愛技法』の中には一連の手紙が収められております。当代の有名な貴婦人――アリエノールとか、娘のマリとか、それからナルボンヌのエルマンガルド男爵夫人とか――が登場して、さまざまな恋愛や結婚生活に関する質問があり、それに答える形式になっています。つまり、有名な貴婦人が恋愛に関する

図VIII-7　不名誉な荷車に乗ったランスロ（*La Chevalerie et les Chevaliers* より）

諸問題に判定を下すわけなのです。例の大予言で有名なミッシェル・ド・ノストラダムスの弟——これは実に人騒がせな兄弟ですが——ジャン・ド・ノストラダムスが、あたかもそういう恋愛法廷が実在したかのように語り伝えたものですから、のちの人はずいぶん惑わされてしまいました。そんな裁判所なるものは存在したためしがなく、社交界の遊びにすぎなかったのですが、ことほどさように恋愛に関するやかましい、しかつめらしい論議が交わされていたことが、よくおかりいただけると思います。

姦通恋愛と反結婚思想

このような恋愛は、南仏型にせよ北仏型にせよ、原則として対象は身分の高い既婚女性でありました。未婚女性は対象たりえない。既婚でなければいけないというのは、要するに結婚という制度的な制約があって、なおかつ主体的にそれを乗り越える愛が生じなければならない、そういう障害を越えてはじめて愛が確かなものになる、という考え方にもとづいております。こうした恋愛――散文的にいえば姦通恋愛――が、はたして現実の生活においてつねに可能であったかどうか、そのへんはかなり疑問です。文学作品を証言にとった場合に気をつけなければならないのは、私たちはたえずそれに足をひっぱられがちになり、現実そのものを反映していると考えることであります。幸せな偶然が重なって、そういう恋愛が成立しえた場合もあったでしょう。しかし、そういうものが容認されなかった例も当然あるわけで、というよりも、むしろ容認されなかったほうがふつうでありました。一例として、心臓を食う話という、やや不気味な話をご紹介しましょう。これは『トルバドゥール評伝』のギヨーム・ド・カペスタニーの「伝記」であります。

「ギヨーム・ド・カペスタニーは、カタルニヤとナルボンヌに境を接するルシヨン地方の騎士であった。人に好かれる、また武芸、奉仕、風雅な道においても大いに尊重される人物であった。

さて、この地方にレイモン・ド・カステル・ルシヨンの妻でセレモンダという名の貴婦人がいたが、夫のレイモンは権勢があり、高貴の身分でありながら、性根は悪く、荒々しく、また思いあがった人であった。ギヨーム・ド・カペスタニーは心から奥方に恋こがれ、奥方について歌い、詩を作ったのである。そのため、若く、高貴で、美しく、人に好かれる奥方は、ギヨームのことを、この世で何ものにもまして好ましく思うよう

図Ⅷ-8　愛のシンボルとしての心臓を捧げる（14世紀フランスの象牙細工。Davenson 前掲書より）

になった。ところが、このことがレイモン・ド・ルシヨン殿に告げ口されたため、殿は怒りと嫉妬にかられ、事をさぐってみたところ、これが事実だと知れると、妻をきびしく監視させた。ある日のこと、レイモン殿は、たまたまギヨームが大勢の部下を連れずに通りかかるのを見ると、これを殺してしまった。そして、死体から心臓を抜き取って、従騎士に館まで運ばせた。それから命じてこれを火に焙らせ、胡椒を振りかけさせると、妻に与えて食べさせる。奥方がギヨーム殿の心臓を食べ終わると、レイモン殿は、それがだれのものであったかを告げた。これを聞くと、奥方は物を見る力も聞く力も失った。やがてわれにかえると、こういう。『殿、あなたは私にまことにおいしいものを食べさせてくださったので、もう決してほかのものは口にいたしますまい。』このことばを聞くと、レイモン殿は剣を手にして追いかけ、頭に一撃を加えようとしたが、奥方はバルコニーに遁れでて、身を投げて死んだ。」

実際には、このギヨーム・ド・カペスタニーは、このような無残な殺され方をせずにすんだらしいのですが、それはともかく、この伝説は中世人にとって非常に衝撃的であったとみえ、北フランスにもこのテーマに取材した模倣作品が作られましたし、波紋はイタリアにも及んだようで、ボッカチオ作『デカメロン』の第四日第九話はこれに想を得ていると思われます。ちなみに、この話は愛の源とされた心臓を〈図Ⅷ-8〉、恋人の心臓を食べさせることで、夫が妻を愚弄したことが骨子です。これほど凄惨な結末に至らなくとも、恋人たちに迫害が加えられたことは大いにありえたわけで、詩にうたわれ物語に語られた宮廷風恋愛が、現実そのものを反映していることはとうてい考えがたい。けれども、このテーマがたえず繰り返され、中世全期にわたって取り上げられつづけたというのは、現実はそのとおりでないにしても、ありうべき、もしくはあらまほしきこととして、非常に強く意識されていたことの証左でありましょう。つまり、制度に対する情熱の優位というものが強く意識されたことの、有力な証拠ではないかと考えられます。

ところで、この宮廷風恋愛と非常に密接な関わり合いをもちますのは、反結婚思想であります。十二世紀という時代は、この間からのお話でわかりますように、すべてのものをもう一度新しい目で再検討しようという、批判的な精神の目覚めた時代であり、従来神の定めた絆として、ほとんど当然のこととして承認されていた結婚制度そのものについても、懐疑の視線が向けられました。アベラールといえば、十二世紀きっての、あるいは中世きっての最大の哲学者の一人であることのほかに、若い弟子であり恋人であるエロイーズとの間に交わされたとされる書簡でよく知られております。アベラールは、妊娠したエロイーズと結婚する気持ちになりますが、エロイーズがせっかくの申し出を拒否する。その間の経緯はアベラール自身が書いた第一書簡（「災厄の記」と題された）の中に詳しくのべられていますが、エロイーズが反対の理由として挙げていることは、結婚が愚行だからということでありました。アベラールはのべています――「自然が万人のために作った私」（この私というのはアベラールのことです）、その「私が一女性に身を捧げ、恥ずべき桎梏のもとに屈するのは、なんと不似合いな、なんと嘆かわしいことであろう。」エロイーズはそういって結婚の愚行であるゆえんをアベラールに説いたわけです。このような反結婚思想が、いわば結婚という枠組みは承認しながらも、しかし、その枠組みをはねのけるような形での優位を説いた宮廷風恋愛と密接な関係をもつということはご理解願えたかと思います。

西欧的恋愛の原型

西欧の恋愛、西欧の愛の観念というのは、残った短い時間で申し上げることもできませんし、また私自身も十分に整理がついておりませんけれども、とにかく、男と女が対等に

図VIII-9　トルバドゥールの影響図

向き合う、対等にお互いの個性を意識する、そしてある場合には制度的な制約をはねのけるような、そういう激しい情念で燃えたつのが仮に西欧の恋愛の特徴だといたしますならば、十二世紀の愛は十分ではないかもしれないけれども、その原型を用意したと考えられます。十分でないというのは、実はこの十二世紀の恋愛というのが、どちらかというと男性側のベクトルの変化なのであって、全般的にみて女性が男性に対して対等に向き合ったところまで行っていないのではないか、と思われるからであります。双方が十分に主体的に、そして対等に真っ向からぶつかり合う状態以前の、男性側の軌道修正といった面が目立つからでありま す。

敬愛の域をこえて理想化されてしまった女性のほうから、もっと人間的現実に発したところの、生身の女の反応があってしかるべきではないかと、その点いささかもの足らない気がいたします。ただしかし、女性を理想化したからといって、この宮廷風恋愛が肉体を忌避したプラトニック・ラヴだと考えるのは正しくありません。このへんはかなり誤解されているので、改めてそのことを申し上げておく必要を感じます。トルバドゥール最盛期を過ぎた十三世紀の詩人のなかには、確かに禁欲的志向のうかがえる詩人も一人、二人おりますが、これはあくまで例外であって、一般には、恋愛の最終段階に憧れの女性と肉体的にも合一することを求めていると――作品の内容から判断するかぎり――考えざるをえません。愛の成就よりも愛の燃焼過程に重きをおいていることは明らかですが、そのことと愛の成就を忌避することの間には、おのずから距離があります。また、十三世紀以降に盛んになった聖母マリア信仰と、十二世紀の詩人たちの貴婦人賛美とを強引に結びつけるアナクロニズムも、やはりあとを断ちませんが、これも事実に則さない議論と申すべきでありましょう。なるほどギロー・リキエの歌った理想の女性は聖母マリアと重なり合うように思えますが、しかしこの詩人は十三世紀の、そして「最後のトルバドゥール」でありました。

トルバドゥールによって歌われた愛は、先にのべたとおり、北フランスのトルヴェールたちに引き継がれたほか、スペイン、ポルトガル、イタリア、ドイツといった西欧の文化圏に広がっていきました。ドイツでは、ご承知のとおりミネゼンガーと呼ばれる詩人たちが活躍しましたし、イタリアではペトラルカ、ダンテがトルバドゥールから継承した愛の観念を、より豊かに、ほとんど哲学的な高さにまで磨き上げることになります。

そう考えるとき、いまだ早熟で、脆弱で、輪郭も必ずしも明瞭になってはおりませんでしたが、女性の人格を高く評価し、そして、情熱の制度に対する優位を歌いあげたトルバドゥールの愛、この十二世紀の「発明」が、それ以後の西欧の愛の原型であった、という先ほどからの主張が、誇張ではないことがご理解いただけたかと思います。

■鼎談（Ⅷ）

堀米庸三
新倉俊一
木村尚三郎

木村　ただ今、新倉さんから「愛、この十二世紀の発明」と題しまして、西ヨーロッパの十二世紀の戦士身分の人たちに芽生えました新しい恋愛の感情についてお話をいただいたわけであります。

前回、同じ新倉さんから騎士道についてのお話がございましたが、この騎士道というものは本来、非常に荒々しい職場の倫理であって、それ自体にはふつう、私たちが考えている女性への愛は含まれないのだ、というふうにはっきりいう学者もいるくらいであります。ところが、この十二世紀には今お話がございましたように、少なくとも文学の上では女性に対する新しい感情が芽生えているわけであります。それはまず南フランスから発し、さらに北フランスに及んでいった。その内容は、女性を自分より高い地位においてそれとの恋愛を通して自らの人格を高めていく。こういった内容のものであるというわけであります。またこれが西ヨーロッパにおける恋愛感情の原型をなすということで、そういった理念の上での感情の問題と、それから同時に現実の貴族の間におきますところの女性と男性との位置づけの問題、こういった問題を今お話しいただいたわけであります。

この問題につきまして、また例によりまして新倉さん、および堀米先生を交えまして座談会をつづけてゆきたいと思います。

身分高き既婚女性への愛の感情

木村　ところで、今のお話は文学の上ですが、新しい感情が、古代ギリシアやローマにない新しい感情が十二世紀に生まれたということは、私にはたいへん興味深いことなわけです。しかも、女性に対する愛というものが必ず身分の高い、そして既婚女性に対してなされているということです。これは今のお話では、既婚であるがために自分の恋愛感情をとげることが非常に困難であり、それだけにそれを通して自分の人格が高められるということでした。
そこでもう一つこういうことが考えられるのではないでしょうか。つまり、既婚女性というのは女性としては完成された姿で、しかも当時の騎士としては、より美しいもの、より完成されたものに接することによって自分を高めていくという、そういう一面もあるのではないか。それがその当時の人々の戦士身分のいわば理念としての意識の世界の中にあったということではないでしょうか。
新倉　それは確かにあると思いますね。それからもう一つは、先ほど申しましたように、はたしてレト・ベッツォラの仮説が正しいかどうかは別として、宮廷風恋愛《コートリー・ラヴ》には、女性を神に近い位置に祭りあげる場合がありますね。いわば宗教的な神に対する感情を人間の愛に逆転させた場合もあって、その意味で実際問題として、身分が高く、美しくて、いろいろな点で十分な教養をそなえた貴婦人たち——。木村さんがおっしゃった、そういう完成された女性像として、既婚の貴婦人のほうがイメージに合っているということがございましょう。

それからまた封建的な感情も投影されておりまして、実際に主人筋の奥様であった方が、そういう気持ちをもつのに具合がいいのではないか。つまり、宗教的な感情だけでなくて、封建主従関係の感情も混じっている。事実、南フランス語だとセニェール、つまり、北フランス語のセニョールにあたる「主君」という言葉を、恋愛詩の中で憧れの女性を指して使っておりますね。

木村　堀米先生、そういった新しい愛の感情が、実際には宮廷で芽生え発達させられているわけで、それが今、新倉さんからのお話がありましたように南フランスでは官能的な面が非常に強調されたのに対して、北フランスに行くと、戦士の恋愛感情について手続きの面が非常に問題になってきたということです。そこで、講義にもございましたが、マリ・ド・シャンパーニュの宮廷司祭アンドレの『正しい恋愛技法』という一書について、その少し具体的な愛のマナー、どういうものが当時説かれていたか、ちょっとご説明いただければありがたいのですが。

宮廷付司祭アンドレの『正しい恋愛技法』

堀米　これはアンドレ・ル・シャプランというシャンパーニュの伯領の宮廷付司祭の書で

すがね。この人間は元来、アリエノール・ダキテーヌの宮廷にいたんです。クレチアン・ド・トロワといっしょにアリエノール・ダキテーヌの宮廷にいて、だいたいアリエノール・ダキテーヌがヘンリー二世の死後、ポワチエの宮廷を支配していた時分のことをもとにして、シャンパーニュで書いた、というふうになっているんですね。ですから、この内容は新しい北フランスというよりも、むしろポワチエというのが基本になっているといってもいいんじゃないかと思うのです。

おそらく中世人の意識や生活についてのものの考え方を考えた場合に、また中世の人間のきわめて自然な感情である愛とか結婚とか、そういう問題について考える場合に、いちばんいい書物、あるいはいちばんいい史料はこの書物だというふうにいわれております。これなどはもっともっとわれわれが研究して、これを材料にしてものを書かなければなるまいと思うものなんです。この本を開いてみてすぐ気がつきますことは、古代のギリシア・ローマの愛とは違った愛が中世において発生した。とくに十二世紀以降にですね。この本を読みましていちばん最初に出てくることの一つはそれなんです。

というのは、どんな人間の間に愛というものが発生するか。それは二人の男、二人の婦人の間に発生してはならないと書いてあるんです。ということは、古典古代の愛は、きわめてしばしば同性愛だったわけです。同性愛はいけないと、これは聖書にも、とくにパウロの書簡などにありますように、同性愛は自然に反するというふうにいわれておりますが、そういうことがこの書物の中にも反映しているのではないかと私は思います。そして、その説明としまして、自然に反することはいけないから、同性愛はいけないのだといって、真の愛が発生するための必要条件といったものを書いている。

　実におもしろい本で、多岐多様にわたっております。もちろん今、新倉さんからお話のありましたような高い身分にある貴婦人に対する愛ということが中心であるに違いありませんけれども、この中にはあらゆる種類の愛が書いてあるわけです。例えば高い身分の者が低い身分の者を愛する場合にはどうするとか、またその逆の場合。そういうことも書いてあるし、最後にこれはごく悪戯みたいに書いてあるのは、売春婦、プロスティチュートの愛ははたしてないか、ということまで書いてある。

　それからまた最後には、これは中世の女性嫌いの文学という伝統があって『結婚十五の楽しみ』などといって、実は「結婚十五の苦しみ」を書いている本がありますけれども、それと同じように愛というのはいかにたまらないものであるか、ということも書いてある。実に多種多様な人間の生活意識やあるいはまた自分たちがもつべき理想について書かれていまして、これくらいおもしろい書物はそうざらにあるまいと私は思うのですが、いかがでしょうか。

新倉　私もそう思います。単なる恋愛のエチケットの本とか技術の本ではなくて、いわば恋愛の諸相を分析した恋愛哲学書みたいな、さらに先生がおっしゃったように、中世人の意識そのものを反映させた作品だと思いますね。

　この中で、先ほどちょっと申しましたけれども、書簡がございまして、その中で結婚した夫婦間には恋愛感情は成立しないという、そういう判決がありましたけれども。

堀米　それはまた一つ非常に大事な特徴で、またわれわれからみると非常に不思議なことなんですね。本当に愛というものは結婚した夫婦の間にあってはならないものだと、これは当時の封建的な結婚そのものが、愛というものにもとづいて行われなかった、あるいは行われることが少なかったということからくる結果か結論かもしれません。ですから、既婚の人間に対する愛がいちばんむずかしくもあり、したがってまた人間を高めるためにも役に立つ。むずかしくあればあるほどいいというのは、中世のいろいろな騎士的な生活意識のなかにある考え方ですから、そういうものなんでしょうね。

木村　結局、自分の奥さんがいて、それ以外にもう一人愛する女性を持つわけですね。ということは、男女の関係においても、それから政治の関係でも、主君を二人、三人持つのは一般的であったわけです。そういう意味では、戦士のなかに一つの共通の感情があって、そのなかでお互いに政治の面でも、愛情の面でも共有し合っているという共感が一方にあった、ということはいえないでしょうか。

堀米　それはそうだと思いますよ。

政略結婚の実体

木村　現実の政略結婚ですけれども、確かに貴族の女性は一人でいてはいけない。ということは、必ず結婚をいたしまして、またその夫が死ねばまたどこか別のところへ結婚させられるわけで、一人でいることは罪悪であるとなっておりました。しかし、ああいった政略結婚が現実に成り立つためには、単に女性が道具視されたということではなくて、娘に対する父親の深い愛情があるから、政略結婚が政略結婚として意味をもつわけです。つまり、婚家先で自分の娘がひどい目にあってはいけないということで、政治的な関係をうまくつけていくという面があるわけですから。そういう意味では、必ずしも女性を手ひどく扱ったというふうにはいえないのではないかと思うのですが。

新倉　しかし逆に、いかに夫婦仲がうまくいっていても、その夫と自分の父親が仲が悪くなったら、結婚を解消させられるというケースもあります。

堀米　たいへん複雑な問題で、例えばいったん夫に先立たれた者が一人で孤閨を守っているわけにはいかない、というようなことは、封建的な体制の中ではそうせざるをえないんですね。というのは、女性がほんとうに偉くて自分の配下の武士たちを指導するということが可能な場合もありますけれども、多くの場合、実際に戦争に出かけるということはむずかしいことです。そういった場合、戦陣にうって出るためにはだれか自分の代わりになる者がいなければならない。というわけで新しく結婚するということがいいし、それからまた領地を守っていくためには、どうしても単なる後見人よりもほんとうに結ばれた人間であるほうがよい。このような封建社会のいろいろな関係からして、そういう考え方が生まれてきたと思うのです。

姦通の露見と裁判

新倉　歴史家である先生方に私が伺いたいのは、結局、宮廷風恋愛というのは姦通恋愛ですが、全部がそうだとは申しません。例えばクレチアン・ド・トロワの作品の中には明らかに夫婦愛を描いた作品もあるわけなので、これは北フランスのクレチアン・ド・トロワが本来のモラリスト的な傾向を発揮して、既婚婦人との恋愛と対立させる意味での夫婦愛を描いた作品を残したとふつうはいわれているのですが、しかし、ほとんどは既婚婦人との恋愛です。そこで、姦通が露見した場合にはいったいどのような法的制裁がとられたのか。文学の場合だといろいろなケースがございますので、それが一般論としてどうであったかを、先生方に伺いたいと思うのですが。

堀米　これは実例を非常にたくさん知っているわけではないので、一般的な回答を申し上げることはとてもむずかしいと思うのです。ですけれども、例えば先ほどからお話がありましたアリエノール・ダキテーヌというのは、フランスの国王のルイ七世と結婚して、そして十字軍にいっしょに出かける。ところが、ルイ七世というのは聖職者の申し子みたいなタイプの人間で、聖人みたいな人間だったものですから、満足がいかない、というわけで部下の勇士と恋におちいる、ということが見つかって離婚されますね。ですが、そのために彼女が罰をこうむったということはなくて、ただ離婚ということになった。そして、彼女はそのときには前々から口実があれば離婚したいと思っていたのではないかと思うのです。だから、罰にさえならなかった。

木村　その点はちょっと日本の感覚と違いますね。ゲルマン古代では、タキトゥスの『ゲルマニア』をみると、姦通した妻は頭を剃《そ》られ裸にされて、夫がムチを振るって村中を追い回すといわれておりますね。中世でも、手足を切ったり、生命をとったりすることは原則としては認められなかった。ただ、激情の末、死に至らしめた場合でも、非難はされなかったでしょうが、法的にそういった権利を夫がもっていたわけではないですね。その点は日本のほうがたいへんに厳しい。

堀米　はるかに厳しいですよ。

新倉　ただ『トリスタン物語』の中では、小人のフロサンの計画にはまって、寝室でトリスタンがイズーといっしょになっているところを現行犯で見つかったため、裁判手続き抜きに二人の処刑が決定される。結局、処刑は実現されなかったのですが、それはともかくとして、作者および作者と心を通わせる聴衆は、その処置を大いに非難するのですが、最近読んだ注釈書によりますと、現行犯の場合には法的な手続きを抜きにして極刑にする例もあったと書いてありましたけれども、その点はどうですか。

堀米　中世の裁判制度のいちばん大きな特徴は、申告裁判といいますか、訴えがなければ裁判は成立しない。ですから、訴えがなくても裁判の成立するのは現行犯に限るんです。これは一般にあらゆる罪に関してそうなんですね。ですから、現場を見つかったと、例えばそれを叱責するに値するような人間、夫とか、そういう者が現場を見つけたならばそれに対して復讐をするということは認められていたと思いますね。

しかし、何か中世の愛といいますと不倫の愛ばかりが多かったようにみえますが、そうとばかり考えるのは、私は必ずしも正しくないと思います。例えば昔から聖母マリアのヴァジニティーというものが非常に尊重されるというふうにして、一般の結婚にあっては、あるいは物語などでも処女と童貞の子供が結婚するということは祝福されるべきものである。これはキリスト教的な考え方として当然のことですけれども、こういった気風が他方ではあったということを考えなければなりません。それから技法に関するアンドレ・ル・シャプランの話にしても、愛というのはたえず増大したり減退したりする。その増大させたりするためには、方法としてはジェラシーをもつことは非常に大事なことだというわけです。しかもその嫉妬には、第三者、つまり正統でない恋愛とか愛とか、そういうふうなものが存在するということが、新しい愛の向上のために必要だったという、そういう考え方もあるわけで、なかなか単純な物語ではない。

恋愛詩の聴衆

木村　それと一つ、こういった恋愛の文学、歌ですね。実際にだれが好んで聞いたかという問題もあるのではないでしょうか。つまり実際に貴婦人が城に取り残されておって、戦争にも行けず、それから狩りにも出かけられず、それでこういった話を聞いて孤閨を慰めた。その意味では、自分を中心にして若い男の騎士が自分に対して愛を捧げてくれるこういった物語を好んだという面がある、という説もあるようですが、いかがでしょうか。

新倉　確かにあったと思いますが、ただ、貴婦人たちもかなりどぎつい話を聞いたりしているんですね。それから騎士たちも、洗練された騎士たちはそのどぎつい話のほかに、こういう作品も聞いているわけで、必ずしも貴婦人だけがこういう優雅な話を聞いていたというパターンは成立しないと思うのです。しかし、実際問題として木村さんがおっしゃったようなことは、ケースとしては大いにありえたかもしれない。

木村　一方ではたいへんすさまじい話がありますね。さっきの心臓を食べた話のように。

堀米　その点についてもう一つ。バランスのとれた判断ということを考えるために必要なのは、コートリ・ラヴというのが十二世紀に出てきたということはありましても、それ以前の愛の仕方ですね。その場合には、女性というのは男性の性的な欲求の対象にしかならない。あるいは女性が非常に積極的なモーションをかける。そういうようなやり方がそれ以前の文学にはたくさんありますね。それも実際にあったと思うのですが、そういうようなものの考え方が十二世紀以来消えてしまったわけではない。実際生活にはそれが色濃く残っていたのではないかと。

新倉　作品の中にも残っておりますね。

堀米　ですから、そういう意味でコートリ・ラヴという特殊なものだけが十二世紀ないしそれ以降の中世、騎士社会のすべてであったと、こう考えてはいけないですね。

新倉　それは大変な誤解になりますね。ところで、トルバドゥール芸術というものは、詩と音楽といっしょになったものですが、これが北フランス、それからスペイン・ポルトガルとか、ドイツのミネゼンガーとか、それからイタリアのほうではダンテの清新体のほうにつながるという形で広がっていった。いわば封建制度の後進地帯である南フランスが、かえってそういう文学には先進地帯であったということは、非常におもしろい現象だと思いますね。

堀米　後進地帯といっても、伝統的な文化という意味では……。

新倉　先進地帯ですね。

堀米　それからコートリ・ラヴの成立については、イスラムとの関係も問題になります。南フランスにそれが最初に起こったというところからそういう関係も論じられると思います。こういうようにして特殊な位置を南フランスが占めていた、というところからこういう考え方や新しい愛というものも出てきたんでしょうね。

新倉　文化の接点みたいなところですね。

堀米　そうですよ。

木村　どうもありがとうございました。

［付記］　アンドレ・シャプラン『正しい恋愛技法』が宮廷風恋愛の手引書だとする通説に、現在私（新倉）は非常に懐疑的になっている（『ヨーロッパ中世人の世界』参照）。

ヨーロッパ中世史年表（375〜1499）

（教）教会関係
（南）インド・東南アジア関係
（露）ロシア関係
（仏）フランス関係
（西）西アジア・北アフリカ関係
（ポ）ポルトガル関係
（伊）イタリア関係
（英）イギリス関係
（東）中国・東北アジア関係
（ス）スペイン関係
（独）ドイツ関係

	ヨーロッパ		アジア		日本	
ゲルマン民族移動	三七五	ゲルマン民族移動開始（西ゴート族の侵入）	三六七	（南）グプタ朝	四一三	倭王讃、東晋に遣使して貢献
	三九二	キリスト教、ローマ国教となる	四二〇	（東）宋（南朝）成立		
	三九五	ローマ帝国、東西に分裂	四三九	（東）北魏、華北統一		
	四一〇	西ゴート王アラリック、ローマ市劫掠	四八五	（東）北魏の均田制		
	四二九	ヴァンダル、カルタゴの故地に建国（五三四亡）				
	四四九	アングロ＝サクソン、ブリタニアに渡来				
	四五一	カタラウヌムの戦、フン族敗退				
	四七六	西ローマ帝国滅亡、オドアケルの王国（四九三亡）				
	四八六	フランク王国興る、クローヴィス王（〜五一一）				
	四九三	東ゴート建国（五五三亡）				
	四九六	このころクローヴィス、カトリック教				

フランクの発展

	に改宗
五二七	ユスティニアヌス、東ローマ皇帝に即位（〜六五）
五六八	ランゴバルド、北イタリアに建国
六八七	フランク宮宰、ピピン実権を握る
六九七	イスラム教徒、北アフリカ沿岸を占領
七一一	西ゴート王国滅亡、ウマイヤ朝支配（〜七五〇）
七一四	カール＝マルテル、フランク宮宰（〜七四一）
七二六	（教）東ローマ皇帝レオ三世、聖像禁止令発布
七三二	トゥール・ポワティエ間の戦
七五一	ピピン、フランク国王（カロリング朝創始）
七七四	フランク国王カール（七六八〜八一四）、ランゴバルドを滅ぼし、イタリア王を兼任
八〇〇	カール大帝戴冠、いわゆる西ローマ帝国復興
八二九	（英）ェグベルト、イングランドを統一
八四三	ヴェルダン条約でフランク王国三分
	このころイングランドにデーン人さか

五八九	（東）隋の統一
六一八	（東）唐の成立
六二二	（西）ヘジラ
七五〇	（西）アッバース朝
七五五	（東）安史の乱
九世紀	（西）バグダード繁栄

五九三	聖徳太子摂政
六四五	大化の改新
七一〇	平城京遷都 天平文化
七五二	東大寺大仏開眼
七九四	平安京遷都
八〇四	最澄・空海入唐
八六六	応天門の変

	んに侵入
八七五	(伊)イタリアのカロリング朝断絶
九一〇	(仏)クリュニー修道院成立
九一一	(独)東フランクのカロリング朝断絶
	(仏)ノルマンディー公国成立
九六二	(独)オットー一世戴冠、神聖ローマ帝国成立
九八七	(仏)カペー朝成立
九八九	(露)ウラディミル一世、ギリシア正教に改宗
一〇〇〇	ハンガリー王国成立
一〇一六	(英)デーン人の王カヌート、イングランド支配
一〇三一	イベリアの後ウマイヤ朝滅び、カリフ国分裂
一〇四二	(英)イングランドでアングロサクソン王朝復活
一〇四八	セルビア、東ローマ帝国より自立
一〇四九	(教)法王レオ九世(〜一〇五四)、いわゆるグレゴリウス改革始まる
一〇五四	(教)東西教会完全に分離
一〇五六	(独)ハインリヒ四世(〜一一〇六)
一〇六六	(英)ノルマンのイングランド征服、

八七五	(東)黄巣の乱(〜八八四)
九〇七	(東)五代(〜九六〇)
九六〇	(東)北宋成立
九六八	(南)ヴェトナム成立(丁朝)
一〇三八	(西)セルジューク朝成立(〜一一五七)
一〇五五	(西)セルジューク、バグダードに入る

八九四	遣唐使廃止
九三九	平将門の乱
一〇世紀	摂関政治
一〇一七	藤原道長、太政大臣となる
一〇五一	前九年の役

	ウィリアム一世（～八七）
一〇七三	（教）法王グレゴリウス七世（～八五）
一〇七六	（教）叙任権闘争始まる（～一一二二）
一〇七七	（教）カノッサの屈辱
一〇八八	（教）法王ウルバヌス二世
	（伊）このころボローニアに法学研究興る
一〇九五	（教）クレルモン公会議
	〔第一回十字軍進発（～九九）〕
一〇九六	（仏）このころ「ローランの歌」成立
	このころスコラ学発展
	アンセルムス（一〇三三～一一〇九）
	アベラール（一〇七九～一一四二）
一一〇〇	（仏）このころから都市のコミューヌ運動起こる
一一〇六	（独）ハインリヒ五世（～二五）
一一二二	（教）ヴォルムス協約（叙任権闘争一応解決）
	（独）このころからドイツ人東方植民を開始
一一三〇	（伊）両シチリア王国建設（～一八六〇）
一一三七	（仏）ルイ七世（～八〇）
一一三八	（独）コンラート三世（～五二）、ホー

一〇六九	（東）王安石の改革
一一一五	（東）金成立
一一二七	（東）宋の南渡（南宋～一二七九）
一一三二	（西）カラキタイ（西遼）の成立

一〇八三	後三年の役
一〇八六	院政始まる

封建社会成立

	エンシュタウフェン朝（一一三八～一二〇八、一二一五～五四）
一一四三	（ポ）ポルトガル王国成る このころボローニア大学、パリ大学、オクスフォード大学成立
一一四七	〔第二回十字軍（～四九）〕
一一五二	（独）フリードリヒ一世（～九〇）
一一五四	（英）プランタジネット朝成立、英仏抗争の開始 （英）ヘンリ二世
一一五八	（独）フリードリヒ一世、イタリア遠征
一一六六	（英）クラレンドン条令、陪審制を規定
一一六七	（伊）ロンバルディア同盟成立
一一八〇	（仏）フィリップ二世（～一二二三）、国内のイギリス領の回収進める
一一八三	（伊）コンスタンツの和（ロンバルディア同盟加入諸都市の自治権承認）
一一八七	サラディン、イェルサレム占領
一一八九	（英）リチャード一世（～九九） 〔第三回十字軍（～九二）〕
一一九〇	（独）フリードリヒ一世歿、ハインリヒ六世（～九七） （独）ドイツ騎士団興る（九九年、教

一一六九	（西）アイユーブ朝（～一二五〇）
一一八六	（南）ゴール朝、ガズナ朝を滅ぼす

一一五六	保元の乱
一一六七	平清盛、太政大臣
一一八〇	以仁王、頼政挙兵
一一八五	平氏滅亡

十字軍時代

皇認可）

一一九三	（仏）フィリップ二世、プランタジネット家の領土を略取
一一九四	（独）ハインリヒ六世、パレルモにおいてノルマン王国の王として戴冠
一一九八	（独）オットー四世（〜一二一五） （教）法王インノケンティウス三世（〜一二一六）
一一九九	（英）ジョン王（〜一二一六）
一二〇二	〔第四回十字軍（〜〇四）〕
一二〇四	十字軍によりコンスタンティノープル陥落 ラテン帝国、ニケーア帝国（ともに〜六一） このころ、法王権の極盛期 （独）このころ、「ニーベルンゲンの歌」成る
一二〇九	フランシスコ修道会成立 （英）ケンブリッジ大学創立 （仏）アルビジョワ十字軍（〜一二二九）
一二一二	少年十字軍
一二一四	（仏）ブーヴィーヌの戦、仏王英独同盟軍を破る

一二〇六	（南）奴隷王朝成立（〜九〇）、インドのデリー＝スルタン朝の開始 （東）モンゴル帝国の成立

一一九二	頼朝征夷大将軍となり、鎌倉幕府創立（〜一三三三）
一二〇三	北条時政、執権となる

十字軍時代

一二一五	（英）マグナ＝カルタ制定 ドミニコ修道会成立 （独）フリードリヒ二世（〜五〇）
一二一六	（英）ヘンリ三世（〜七二）
一二二三	（仏）ルイ八世（〜二六）
一二二五	このころ、トマス＝アクィナス生まれる（〜七四）
一二二六	（仏）ルイ九世（〜七〇）
一二二八	〔第五回十字軍（〜二九）〕
一二三〇	（ス）カスティラ、レオン合併
一二四一	モンゴル軍東欧侵入、ワールシュタットの戦
一二四三	（露）キプチャク＝ハン国成立
一二四五	（伊）プラノ＝カルピニ、教皇の命でモンゴル帝国へ赴く
一二四八	〔第六回十字軍（〜五四）〕
一二五六	（独）大空位時代の始まり（〜七三）
一二六一	東ローマ帝国再興
一二六五	（英）シモン＝ド＝モンフォール、議会召集（下院の起源） （伊）ダンテ生まれる（〜一三二一）
一二七〇	〔第七回十字軍〕 （仏）フィリップ三世（〜八五）

一二三六	（東）バトゥ、西アジアへ遠征
一二五〇	（西）マムルーク朝（〜一五一七）
一二五八	（西）モンゴル軍、バグダード攻略イル＝ハン国成立（〜一三五三）

一二二一	承久の乱
一二三二	貞永式目
一二六八	蒙古の使者、国書をもたらす

中世の末期

一二七一	(伊) マルコ＝ポーロ、東方大旅行に出発（〜九五）
一二七三	(独) ルドルフ一世（〜九一）
一二八二	アラゴン王、シチリアを支配（〜一四〇九）
一二八四	(英) イングランド、ウェールズを併合
一二八五	(仏) フィリップ四世（〜一三一四）
一二九一	〔十字軍すべて終わる〕 スイス独立運動始まる
一二九五	(教) 法王ボニファティウス八世（〜一三〇三）
一二九五	(英) エドワード一世、模範議会を開く
一三〇二	(仏) 三部会成立
一三〇三	(仏) アナーニ事件、仏王、教皇ボニファティウス八世を一時捕らえる
一三〇四	(伊) ペトラルカ生まれる（〜七四）
一三〇七	(英) エドワード二世（〜二七）
一三〇九	(教) 法王のアヴィニヨン幽囚（〜七六）
一三一三	(伊) ボッカチオ生まれる（〜七五）
一三一五	モルガルテンの戦、スイス同盟軍勝つ
一三二〇	(英) ウィクリフ（〜八四）

一二七一	(東)元朝成立（〜一三六八）
一二七九	(東)南宋の滅亡
一二九九	(西)オスマン朝成立（〜一九二二）

一二七四	元寇、文永の役
一二八一	元寇、弘安の役
一二九七	徳政令発布

中世の末期

一三二七	(英)エドワード三世(〜七七)
一三二八	(仏)ヴァロワ朝成立(〜一四九八) (仏)フィリップ六世即位(〜五〇)
一三三九	(仏)百年戦争起こる、イギリス軍フランスに進攻
一三四〇	(英)チョーサー(〜一四〇〇)
一三四一	(英)議会、上下両院に分かれる
一三四六	(仏)百年戦争、クレシーの戦
一三四七	黒死病の大流行
一三五三	トルコ軍のバルカン侵入始まる
一三五六	(独)カール五世(一三四七〜七八) 金印勅書発布
一三五八	(仏)ジャクリーの乱
一三六〇	(仏)百年戦争、ブレティニーの和約
一三六五	トルコ軍、アドリアノープル占領
一三七八	(教)教会大分裂(〜一四一七)
一三八〇	(仏)シャルル六世(〜一四二二)
一三八一	(英)ワット＝タイラーの乱
一三九七	カルマル同盟、北欧三国合体する
一三九九	(英)ランカスター朝(〜一四六一)
一四一三	(英)ヘンリ五世(〜二二)
一四一四	(教)コンスタンツ公会議(〜一八)
一四一五	(独)フス異端として処刑される

一三五〇	(南)タイのアユタヤ朝(〜一七六七)
一三五一	(東)紅巾の乱(〜六六)
一三六八	(東)明の成立(〜一六四四)
一三七〇	(西)ティムール帝国成立(〜一五〇〇)
一三九二	(東)李氏朝鮮成立(〜一九一〇)
一三九九	(東)永楽帝即位
一四〇二	(西)アンカラの戦
一四〇五	(東)鄭和、南

一三三三	鎌倉幕府滅亡
一三三四	建武の中興
一三三八	室町幕府成立(〜一五七三)
	倭寇さかん
一三九二	南北朝の合一
一四〇一	明との国交回復
一四〇四	勘合貿易始まる

中世の末期

	百年戦争、アゼンクールの戦で英軍勝つ		海遠征		
一四一九	(独)フス教徒の反乱(~三六)				
一四二二	(仏)シャルル七世(~六一)				
一四二九	(仏)ジャンヌ=ダルク、オルレアンを解放	一四二八	(東)ヴェトナムで黎朝(大越国)成立(~一七八九)		
一四三一	(仏)ジャンヌ=ダルク火刑に処せられる				
一四三四	(伊)フィレンツェ、メディチ家の支配				
一四三八	(独)ハプスブルク朝の支配(~一七四〇)				
一四四九	(伊)メディチ家、ロレンツォ生まれる(~九二)				
一四五〇	(独)このころ、グーテンベルク活版印刷術発明		(東)中国で北虜(オイラート部)さかん		
一四五三	百年戦争終わる コンスタンティノープル陥落、東ローマ滅亡				
一四五五	(英)ばら戦争起こる				
一四六一	(英)ヨーク朝(~八五)			一四六七	応仁の乱(~七七)戦国時代の始まり
一四七九	(ス)スペイン王国成立				
一四八〇	(露)モスクワ大公国自立				
一四八五	(英)テューダー朝興る、ヘンリ八世			一四七七	乱収まる、京

中世の末期

（～一五〇九）

一四八八　（英）星室庁設置

（ポ）バルトロメウ＝ディアス、喜望峰発見

一四九二　（ス）グラナダ陥落、スペインの統一完成

（ス）コロンブス、サンサルバドル島を発見

一四九四　（伊）フィレンツェのメディチ家失脚

一四九八　（ポ）バスコ＝ダ＝ガマ、インドに到達

（伊）サヴォナロラ処刑

一四九九　（独）皇帝、スイスの独立を承認

都焦土と化す

一四九一　北条早雲、伊豆の堀越公方を滅ぼす

参考文献

Ⅰ　革新の十二世紀（ヨーロッパ中世史を学ぶ人のために）

西洋中世史の概念としては、戦後に出た世界史シリーズの一巻として次のようなものがある。（1）中央公論社『世界の歴史3・中世ヨーロッパ』（堀米庸三・木村尚三郎）、（2）文芸春秋社『大世界史7・中世の光と影』（堀米庸三）、（3）社会思想社『世界の歴史5・中世ヨーロッパ』（堀越孝一）、（4）河出書房『ヨーロッパ中世』（鯖田豊之）、（5）講談社『人類文化史5・西欧文明の原像』（木村尚三郎）。

テーマ中心の講座ものとしては、（1）筑摩書房『世界の歴史8・ヨーロッパ封建社会』（堀米庸三編）、（2）岩波書店『講座世界歴史7・10・11』（堀米庸三編）。

以上はおおむね一般読者を対象としているが、最後の岩波書店のものだけはやや研究者向きである。それと同程度の概説としては増田四郎『西洋中世世界の成立』（岩波全書）、今野國雄『西洋中世世界の発展』（岩波全書）、堀米庸三『西洋中世世界の崩壊』（岩波全書）がある。

概説ではないが、特定の視角から西洋中世史の本質に切りこもうとした一般向きのものとしては、増田四郎『ヨーロッパとは何か』（岩波新書）、堀米庸三『正統と異端』（中公新書）、鯖田豊之『戦争と人間の風土』（新潮選書）、木村尚三郎『歴史の発見』（中公新書）、堀米庸三編『生活の世界歴史　中世の森の中で』（河出書房新社）などがある。教会史関係のものとしては、今野國雄『修道院』（近藤出版社、世界史研究双書7）、今野國雄『修道院――祈り・禁欲・労働の源流――』（岩波新書）がある。著者も書名も同じであるが、内容はかなり異なる。

外国文献の邦訳としては、一般的なものとしては、モラル『中世の刻印』（城戸毅訳、岩波新書）、バラクラフ『転換期の歴史』（前川・兼岩訳、社会思想社）などがあるが、限られた時代と対象を扱いながら中世史全体の理解に役立つものも少なくない。ドウソン『ヨーロッパの誕生』（野口啓介訳、冨山房）、ラトゥーシュ『西ヨーロッパ経済の誕生』（宇尾野久・森岡敬一郎訳、一条書店）、ピレンヌ『ヨーロッパ世界の誕生』（中村宏・佐々木克己訳、創文社）、アイリン・パウワー『中世に生きる人々』（三好洋子訳、東大出版会）、ホイジンガ『中世の秋』（堀越孝一訳、中央公論社）。

中世社会全体を論じた記念碑的業績でしかも一般向きのものとして、M・ブロック『封建社会』二巻があるが、新村猛監訳（みすず書房）は上巻のみであり、筆者監訳（岩波書店）のものは昭和五一年（上・下とも）発行の予定である。美術史関係では学研「大系世界の美術」と新潮社「人類の美術」の関係各巻がよく、史蹟関係では、講談社

「世界の文化史蹟13」として筆者編集の『ヨーロッパの城と町』がある。

Ⅱ　西欧農耕民の心

Ⅲ　都市民の心

木村尚三郎『歴史の発見—新しい世界史像の提唱』中公新書、昭和四三年
同右『組織の時代』潮新書、昭和四六年
同右『西欧文明の原像』講談社、「人類文化史5」、昭和四九年
堀米庸三編『中世の森の中で』河出書房新社、「生活の世界歴史」昭和五〇年
スリッヘル・ファン・バート著、速水融訳『西ヨーロッパ農業発達史』日本評論社、昭和四四年
M・ブロック著、河野健二他訳『フランス農村史の基本性格』創文社、昭和三四年
H・ピレンヌ著、佐々木克己訳『中世都市』創文社、昭和四五年
L・マンフォード著、生田勉訳『歴史の都市、明日の都市』新潮社、昭和四四年

Ⅳ　グレゴリウス改革

岩波講座「世界歴史10」所載の堀米論文「グレゴリウス改革と叙任権闘争」
G・バラクラフ著、前川貞次郎・兼岩正夫訳『転換期の歴史』社会思想社、昭和三九年
A・フリシュ著、野口洋二訳『叙任権闘争』創文社、昭和四七年

Ⅴ　祈れ、そして働け

ノールズ著、朝倉文市訳『修道院』平凡社、昭和四七年
今野國雄『修道院』昭和四六年、二版昭和四九年、近藤出版社（後者は十四世紀ごろまでを概観したものであるが、前者は現代まで叙述しており、取扱っている主題もより包括的である。）
同右『修道院――祈り・禁欲・労働の源流――』岩波新書、昭和五六年　第二刷、平成二年
宮下孝吉「聖ベネデクトの会則」神戸大『経済学研究八』、昭和三六年
今野國雄「西ヨーロッパ修道制の発端――『聖ベネディクトゥス会則』の成立」同『西欧中世の社会と教会』岩波書店、昭和四八年所収（以上聖ベネディクトゥス会則について）

Ⅵ　正統と異端

堀米庸三『正統と異端』中公新書、昭和三九年（正統と異端のさまざまな論争点について）
渡辺昌美『異端者の群れ』新人物往来社、昭和四四年、アルノ・ボルスト著、藤代幸一訳『中世の異端カタリ派』新泉社、昭和五〇年（特にカタリ派を中心とした異端の活動や教義について）

ヘルバルト・グルントマン著、今野國雄訳『中世異端史』創文社、昭和四九年（中世異端の全般について）
会田雄次・中村賢二郎編『異端運動の研究』京都大学人文科学研究所、昭和四九年（ヨーロッパ、アメリカだけでなく中国・日本をも含めた異端運動について）
下村寅太郎『アッシシの聖フランシス』南窓社、昭和四〇年（フランチェスコについて）
テスタス著、安齋和雄訳『異端審問』白水社、昭和四九年（異端審問について）

Ⅶ 騎士道

フィリップ・ド・クランシャン著、川村・新倉訳『騎士道』（文庫クセジュ）白水社、昭和三七年
『中世文学集1』（世界文学大系）筑摩書房、昭和三七年
A・ポフィレ著、新倉俊一訳『中世の遺贈』筑摩書房、平成六年
ジャン・フロリ著、新倉俊一訳『中世フランスの騎士』（文庫クセジュ）白水社、平成一〇年
新倉・神沢・天沢共訳『フランス中世文学集』（全四巻）白水社、平成二～八年

Ⅷ 愛、この十二世紀の発明

アンリ・ダヴァンソン著、新倉俊一訳『トゥルバドゥール』筑摩書房、昭和四八年

ルージュモン著、鈴木・川村訳『愛について』岩波書店、昭和三四年
C・S・ルイース著、玉泉八州男訳『愛のアレゴリー』筑摩書房、昭和四八年
新倉俊一『ヨーロッパ中世人の世界』筑摩書房、昭和五八年（ちくま学芸文庫、平成一〇年）
同右『中世を旅する』白水社、平成一二年

執筆者紹介（執筆順）

堀米《ほりごめ》　庸三《ようぞう》（編者）

一九一三年　山形県に生まれる
一九三七年　東京帝国大学文学部西洋史学科卒業
一九五六年　東京大学文学部教授（一九七三年退官）東京大学名誉教授
一九七五年　十二月逝去
主　　著　『西洋中世世界の崩壊』（岩波書店）、『中世ヨーロッパ』『正統と異端』（中央公論新社）、『中世の光と影』（文藝春秋）、『歴史をみる眼』『歴史と人間』（日本放送出版協会）

木村《きむら》　尚三郎《しょうさぶろう》

一九三〇年　東京に生まれる
一九五三年　東京大学文学部卒業
現　　在　東京大学名誉教授、静岡文化芸術大学学長
主　　著　『歴史の発見』（中央公論新社）、『西欧文明の原像』（講談社）、『ヨーロッパとの対話』（日本経済新聞社）『家族の時代』（新潮社）、『パリ』（文藝春秋）、『文化の風景』（日本経済新聞社）

今野《こんの》　國雄《くにお》

一九二三年　宮城県に生まれる
一九五〇年　東京商科大学卒業
関東学院大学文学部教授、青山学院大学文学部教授（一九九〇年退職）
二〇〇一年　五月逝去
主　　著　『西欧中世の社会と教会』『西洋中世世界の発展』『修道院』（岩波書店）、『ヨーロッパ中世の心』（日本放送出版協会）

新倉《にいくら》　俊一《しゅんいち》

一九三二年　横浜に生まれる
一九五七年　東京大学教養学科卒業
現　　在　東京大学名誉教授
著　訳　書　『ヨーロッパ中世人の世界』（筑摩書房）、『フランス中世断章』（岩波書店）、『中世を旅する』（白水社）
『フランス中世文学集』共訳・全四巻（白水社）、ポフイレ『中世の遺贈』（筑摩書房）

編集協力＝㈲パロル社
組　　版＝ＶＮＣ

本書は、当社単行本『西欧精神の探究～革新の十二世紀』（一九七六年一月二十日第一版発行）をＮＨＫライブラリーに収載したものです。

NHKライブラリー
135

西欧精神の探究　革新の十二世紀（上）

2001（平成13）年7月30日　第1刷発行

著者――堀米庸三／木村尚三郎編

発行者――松尾　武
発行所――日本放送出版協会
〒150-8081 東京都渋谷区宇田川町41-1
電話 03(3780)3301[編集]03(3780)3339[販売]
http://www.nhk-book.co.jp
振替 00110-1-49701
印刷――三秀舎／近代美術
製本――芙蓉紙工

落丁・乱丁本はお取り替えいたします。
定価はカバーに表示してあります。

Printed in Japan
ISBN4-14-084135-4 C1322

NHK「14歳・心の風景」プロジェクト編
14歳・心の風景

1900人に行ったアンケートとインタビューから、居場所を求めて揺れる、14歳の心の闇を探る。

加藤尚武
先端技術と人間
21世紀の生命・情報・環境

生命操作・臓器移植・ネット犯罪……。加速し続ける科学技術と21世紀における人類の課題を考察する。

中西　進
古代日本人・心の宇宙

古代日本人はどのような精神世界の中で生きていたのか。現代人が失ったユニバーサルな世界を探る。

大木　康
中国近世小説への招待
才子と佳人と豪傑と

『三国志演義』『水滸伝』など、庶民の夢を託した語り物の世界から生まれた小説の数々を解説する。

吉田敏浩
森の回廊(上)(下)

ビルマ辺境の地。寡欲に生きる森の民の姿と、ゲリラ部隊従軍の苛烈な日々を綴る、千三百日の記録。